ももこの話

絵と文

さくらももこ

集英社

ハロー
ハロー

もくじ

装画　さくらももこ
装丁　祖父江　慎

ももこの話

げんきて。

食欲のない子供

私は、あまり食欲《しょくよく》のない子供《こども》だった。

まず、朝食からそれほど欲《ほ》しくないと毎朝思っていた。寝起《ねお》きからいきなり食べろと言われても、全然食べる気がしなかったのである。それに、いつもギリギリまで寝ていたので、呑気《のんき》に御飯《ごはん》なんて食べてる場合じゃないとも思っていた。だから毎朝私は「ごはん、いらないよ」と言っていたのだが、母は「朝ごはんを食べないなんて、一日のエネルギーが出ないよっ。そんなことじゃ学校で倒《たお》れちゃうからしっかり食べて行きなさいっ」と言い、私の前にどんどんごはんや魚やみそ汁《しる》を並《なら》べていた。食べないと怒《おこ》られるので、仕方なくそれらを食べるわけだが、いつも半分ぐらい残していた。そのたびに母は「こんなに残すなんて、バチが当たるよっ。アフリカのナイジェリアの子供たちはねぇ、食べたくても食べ物がないのにっ」と必ずナイジェリアの様子を見てきたわけでもないのに語り、そのあと戦争中に食べ物がなかった話になる。

ナイジェリアと戦争の話がひととおり済《す》むと、「まったくもったいない。残すんじゃないよ」と言いながら母は私の残りを全部たいらげ、そのあと決まって「もう、あんたが残すから、わたしゃこうやって食べちゃって太るんだよっ」とデブになる責任《せきにん》を私にまわしてくるのである。私のほうとしては、別に私の残りを食べてくれと頼《たの》んだわけではないし、毎度毎度ナイジェリアの話をされても困《こま》るのであった。そりゃ、ナイジェリアの子供たちが気の毒なのはわかるが、だからと言って食べ切れない量の食べ物をムリやりお腹《なか》の中に突《つ》っこむわけにもいかない。そんな私からすれば、どんな時でも私の残した食べ物を、次々たいらげてゆく母の腹《はら》の仕組みは一体どうなっているのかと、本気で不思議に思ったものだ。

昼になっても私はあまり食欲がなかった。給食の量が多いといつも感じていた。おかずのお皿とパン二枚《まい》、牛乳《ぎゅうにゅう》とフルーツ、その程度《ていど》だったが、私にとってはパン二枚が多かったのである。調子のいい時でもパンは一枚で充分《じゅうぶん》だったし、普通《ふつう》の時ならパンは無くてちょうどよかった。だから、だいたいい

給食のようす。
…でも
うちの学校は
当時、給食の
おばさんがいて
いつも作ってくれて
いたので おいしかった。
…こんなに
食べきれ
ないんだよな
……。

つもパンを家に持ち帰っていた。持ち帰るたびに母に「またパンを残したねっ」とにらまれ、それからしばらくしてからパンを食べる母の姿《すがた》を見かけるのが常《つね》であった。

夕飯になっても、私はあまり食欲がなかった。外であそんで帰る途中《とちゅう》におかしを買って食べたり、アイスを食べたりしていたので、夕飯の時間になっても別にお腹がすいていなかったのである。

今考えてみれば、母は八百屋《やおや》の店番をしながら、そのあいまをぬってけっこういろんな料理を作ってくれ

ていたと思う。コロッケや天ぷら、オムライスやシチューやおすし、ロールキャベツやハンバーグなど、子供の好きそうなものを毎日考えてくれていたにちがいない。てんやものをとる事もめったになかったし、冷凍《れいとう》食品やインスタントで済ますこともなかった。それなのに私はその苦労もわからず、だいたい毎日残していた。母はまた朝食の時と同じように文句《もんく》を言いながら私の残りを食べ、「毎日苦労して作ってるのに、残すなんて悲しくなっちゃうよ」などと自分の悲しみを告白しつつ着実に体重を増《ふ》やしながら日々は過《す》ぎていったのである。

そんな食欲のない子供だった私でも、よその家に行った時はごちそうがでてくるのが楽しみだった。近所の友人の家で、初めてマカロニグラタンを食べた時には感動した。この世にこんなにおいしい物があったのかと驚《おどろ》いた。こういう物を我《わ》が家でも作ってくれれば私も残さず食べようというものだ。

家に帰って母にマカロニグラタンのことを報告《ほうこく》した。そして、ぜひそれを我が家でも作ってくれと依頼《いらい》した。母は「よし、それじゃあちょっと作り方をきいてみるよ」と言って友人の家に電話をし作り方をきいたあと、「明日《あした》作ってやるよ」とはりきってみせた。私はうれしかった。あの感動的においしかった物が自分の家でも作ってもらえるなんて、ちょっと信じられない話だった。あのようなハイカラな食べ物を、作る道具や材料がうちにもあるのだろうか。何か特殊《とくしゅ》な物が必要ではないのか。そのような疑問《ぎもん》も湧《わ》いたが、母は作ると言っているのだからどうにかなるものなのだろう。

翌日《よくじつ》、私は学校にいる間もずっと夕食のマカロニグラタンのことを考えていた。母は、あのハイカラな料理を作るために、今ごろ店番もそっちのけで材料をそろえたりオーブンを温めたりしているのかもなァと思うともう楽しみで楽しみで「あ——、マカロニグラタンっ‼」と大声で叫《さけ》びたくなった。

グラタンのことで頭がいっぱいのまま走って家に帰ると、まだ母は何の準備《じゅんび》もしていないようだった。私が「グラタンは？」ときくと、母は「あんたがソロバン塾《じゅく》に行っている間に作っておくよ」と言うので驚いた。あの複雑《ふくざつ》そうなハイカラな食べ物が、たかだかソロバン塾に行っている間にできるものなのか。

ひょっとして、母は「今日《きょう》はグラタンなんて作るのをやめたよ」とでも言いだすのではないか。そんな不安がよぎり、ソロバン塾に行っている間もずっとグラタンの事で気が散っていた。グラタンから急きょヤキソバに変更《へんこう》なんてことになったら三日先まで立ち直れない。

心の中で〝グラタングラタン〟と叫びながらソロバン塾から走って帰った。もはや私の体を動かす原動力がグラタンだった。いつもなら、ソロバン塾の帰りに駄菓子屋《だがしや》に寄《よ》り、ところてんの一杯《いっぱい》も立ち食いして帰るところだが、今日はそんな余計《よけい》なものを食べている場合ではない。

走って店先にとび込《こ》むと、グラタンの匂《にお》いがまっ先に鼻の中にシュッと入ってきた。母は本当に私がソロバン塾に行っている間に作ったのだ。予想よりはるかに短時間で作れるものだという意外な驚きを覚えるヒマもなく私は台所に直行した。

台所のテーブルの上には、できたてのマカロニグラタンが並んでいた。友人の家で見たものと同じである。

私は「おいしそうおいしそうおいしそう」と十回以上言い、すぐに食べ始めた。——おいしい‼　友人の家で食べたものと同じだ。おかあさんめ、なかなかやるじゃん。そう思いながらガツガツ食べた。今夜はナイジェリアと戦争中の人達《たち》の話をきかずに済むだろう。もちろん、母の体重もそのままキープだ。姉も喜んで食べていた。私達が何回も何回も「コレ、おいしいよね」と言うので、母は非常《ひじよう》にうれしそうだった。めったに使わないオーブンの火をつけたかいがあったというものだ。

　その日から、母はちょくちょくグラタンを作るようになった。初めのうちは作るたびにみんなで喜んでいたが、だんだん飽《あ》きてくる気配が感じられた。どのような気配かというと、母がグラタンの支度《したく》をしているのを見かけても、誰《だれ》一人《ひとり》「お、今日はグラタンか」という期待のセリフを吐《は》かなくなり、遂《つい》に「またグラタンか」というような落胆《らくたん》のセリフを吐く者まで現《あらわ》れるようになったのだ。これが飽きてきた気配というものだ。こうなると母としても作るかいがない。こんなありがたみのない家族に作ってやるよりも、ナイジェリアに送れるものなら送りたい気分であろう。

私はグラタンも残すようになった。あんなにおいしいと思った物でも、飽きるとただの牛乳にうどん粉をまぜてマカロニをあえただけのつまらない食べ物に思えてくるものだ。

母は文句を言いながらまた私の残りを食べ、牛乳やうどん粉により体重を増やしていた。こう言っちゃ悪いが、飽きるほどちょくちょく同じ物を作るからいけない。早く言えば、調子にのるなということだ。いくらみんながおいしいと騒《さわ》いでも、与《あた》えすぎないのが長続きのコツだ。嫁《よめ》として、八百屋に嫁《とつ》いで多《た》忙《ぼう》なのはわかるが、もう少し頭を使って夕飯のメニューを考慮《こうりょ》すべきだったのだ。

このグラタンのように、母がちょくちょく作りすぎて家族が飽きたメニューがいくつかある。ミートソース、じゃがいものオムレツ、あさりの酒蒸《さかむ》し、シューマイなどがそれだ。ミートソースなどは、減《へ》ってくるとトマトや肉などをナベの中に追加していたらしく、何日たってもずっとあった。朝起きると毎日ミートソースの匂いが台所に充満《じゅうまん》しており、朝からヘビーな気分にならざるを得なかった。

私はそのままあまり食欲のない子供として母に文句を言われながら育ったのだが、途中母の文句のナイジェリアがアルジェリアに変わったことがあり、このさい、ナイのかアルのかハッキリしてほしいと思った。母の体重は私が中学三年の頃《ころ》ピークを迎《むか》え、重さだけはアルジェリアの方だという事がハッキリしていた。現在《げんざい》、孫の残りを食べているので、老いて再《ふたた》びピークを迎える日も近いと察する。

風呂で歌をうたう

私は歌をうたうのが苦手だ。本当に下手《へた》なのだ。鼻歌でふんふんと歌っているだけでも自分で下手だなァと思ってやめる。当然カラオケにも全く行かない。人前で「歌えっ」と言われたりしたら泣《な》く。「泣いても許《ゆる》さないぞ」と言われたら泣くのをやめてケンカする。「こっちが泣いてりゃいい気になって許さないなんて言うんならかかってこいっ」と言い、本当にかかってこられたら負けて頭などを打ちひどい目に会うだろうがそれでも私は歌わない。

歌がうまい人はいいよなーと思い感心する。歌が下手なくせに人前で平気で歌っている人をみると〝よく下手なくせに歌えるよなー〟と思いそれはそれでまた感心する。

うちのヒロシが、下手なくせに歌いたがって困《こま》った事がある。私は子供《こども》の頃《ころ》よく父と風呂《ふろ》に入っており、風呂に入るたび流行歌を教えてくれと頼《たの》まれて仕方なく教えてあげていた。

まず、記憶《きおく》に残っているのは中条《なかじょう》きよしの『うそ』という歌だ。♪折れたタバコの吸《す》いがらで　あなたのウソがわかるのよ　誰《だれ》かいい女《ひと》できたのね　できたのね……という歌詞《かし》だったが、子供心《こどもごころ》に「折れたタバコの吸いがらぐらいで他《ほか》に女ができたってことがバレたりするもんかね」と思ったものだ。大人《おとな》の女というのはよほど観察力が鋭《するど》いのかなとも思ったが、大人になった今も折れたタバコの吸いがらぐらいじゃ普通《ふつう》はバレないよな、と思う。男の奴《やつ》が「オレは、女ができたのにウソをついている時、ついついタバコを折るんだぜ」とか何とか言っているのなら別だが、そうでもなけりゃ絶対《ぜったい》ムリだ。

当時、ヒロシにも「折れたタバコの吸いがらで、何でウソってわかるのさ」ときいてみたがヒロシも「さあ」と首をかしげていた。

しかし、ヒロシにとっても私にとってもこのさい折れたタバコの吸いがらの件《けん》はこれ以上考えることもない。私はヒロシに『うそ』を正しく教えることが肝心《かんじん》なのだ。ヒロシはこの歌をマスターしたあかつきには、友人やしんせきの人達《たち》と酒を飲んだ時などに「ももこから風呂に入ったときに教えてもらったんだ」と自慢して大声でうたうであろう。だから正しく教えなければ私が恥をかくことになる。

私はヒロシにまず一節目を教えた。♪折れたタバコの吸いがらで　あなたのウソがわかるのよ、というところまでだ。非常《ひじょう》に簡単《かんたん》だからすぐに次に行けるだろう。そう思っていたがヒロシは♪折れたタバコの吸いがらで　あなたのウソがバレたのよ、と歌ったので呆《あき》れた。まァそう歌いたい気持ちはわかるが間《ま》違《ちが》っている。バレたのではなくわかったのだと教えると、今度は♪あなたのウソがわかったの、と歌った。そうじゃないだろ、♪あなたのウソがわかるのよ、だよ。本当にまじめに覚《おぼ》える気があるのかよこのオヤジは、と風呂に入っているため頭に血がのぼりイライラしてくる。

一節目からこんなに物覚えが悪くて手こずるのならもう教えるのをやめようと思い「出る」と言うとヒロシは「まてよまてよ、もう覚えたから次を教えてくれ」と私の腕《うで》をつかむので仕方なくまた湯船《ゆぶね》に入り続きを教えることになった。

次は♪誰かいい女《ひと》できたのね　できたのね、というだけの歌詞だ。これはもう、一回で覚えるだろうと思っていたら♪何かいい人できたのね、といきなり違って歌うではないか。私は怒《おこ》り「何かじゃなくて誰かでしょっ」と言うとヒロシは「ああそうか。何かじゃなくて誰かか」と言い♪誰かいい人できたのかできたのかい、と歌ったので「できたのかいってそれじゃ男じゃん。できたのねっ、だよっ」と叫《さけ》んだ。

この歌をマスターさせるのに三日かかった。一回の風呂につき一時間、のぼせとイラ立ちによる目まいを感じながらどうにか『うそ』のレッスンは終了《しゅうりょう》した。

次に思い出深いのは、殿《との》さまキングスの『なみだの操《みさお》』を教えたときのことだ。この歌は♪あなたーのために　守りとおした　女の操　今さら人に　ささげられないわー……という歌詞だったが、子供の頃は女の操って何だろう？と思っていた。私も女だから、操ってあるのかな、と思いヒロシに「ねぇ、女の操って何？」ときくとヒロシは「うーん、何て言うか、女が持ってる操っていうことだ」と言うので「だからそれ何？　女が持ってるんなら、私にもあるわけ？」ときくと「あるんじゃねぇのか」と言う。「どこに？　どういう物なのさ」ときくと「オレは男だから知らねぇよ」とうまく逃《に》げた。いつもはたいして回りの良くない頭なのにこんな時だけはとっさに回るのだ。

もしも今、私が子供から女の操のことをきかれたら「子供には教えてやれないね」と言う。それでもしつこくきいてきたら「子供に説明したってわかんないんだよ。税金《ぜいきん》のしくみと同じだね。大人になってから考えな」と言ってやる。女の操のことは、子供にはその程度《ていど》の説明で充分《じゅうぶん》だ。

さて、ヒロシはこの歌もなかなか正確《せいかく》に覚えなかった。一節目の♪あなたーのためぇに守りとおした　女の操、というところを♪あなたのためぇに　守りつづけた　女のこころ、と歌ったので私は怒り「守りとおしたでしょ。そんで女のこころじゃなくって女の操じゃん。肝心なところをまちがえるんじゃないよっ」と言った。ヒロシは「ああそうだ。こころじゃなくて操だよな。そうそう」と言い、また♪守りつづけた、と歌ったので「守りとおしたって言ってるでしょっ」と怒りながら注意してやった。こっちとしては守りとおしたでも守りつづけたでも、他人の操のことなんてどうでもいいが一応《いちおう》ヒロシには正確に覚えてもらわないといけない。

ヒロシはその後も♪今さら人に　ささげられないわ、のところを♪今さら人に　あげられないわと間違い、次の♪あなたの決しておじゃまはしないから、のところを♪あなたの別におじゃまはしないからと間違い、♪おそばにおいてほしいのよ、のところを♪おそばにおいてほしいわよと少し間違い、♪お別れするより死にたいわ、のところを♪お別れするなら死にたいのと二重に間違い、最後の♪女だから、という簡単な一言《ひとこと》さえ♪女だものーっ、と大声で間違って絶叫《ぜっきょう》した。つまり全部間違えたわけだ。

歌詞が合っていると思えば音程《おんてい》をはずす。次にすすめば前を忘《わす》れる。「さあ最初からいってみよう」と言ったあとに「あれ？　はじめ何だっけ？」と言われた時の私の気持ちはどうか。「あなたのために守りとおした女の操でしょっ」と怒鳴《どな》り、あたしゃ殿さまキングスじゃないんだからそう何回も涙の操のこと

ばっかり考えてられないんだよ、とのぼせた頭で強く感じた。

あまりにも長風呂なのを心配し、途中《とちゅう》で母が様子を見にきたが、ヒロシが「まだ歌を教わってるんだ。女の操をよォ」と言うので私は「涙の操でしょ」とタイトルからしてもう間違えていることに腹《はら》を立て、母がせっかく来たのだからこの機会に出ようと思い「出る」と言うとヒロシは「もうちょっとまてよ」と引きとめるので「やだよ。ちょっとおかあさん、何とか言ってよ」と助けを求めたが母はたいして気にも止めずに去ってしまった。いつも私のことを叱《しか》るのと同じ調子でこのヒロシのことも一喝《いっかつ》してくれよと思う。

四日か五日かかって、やっとヒロシは『なみだの操』をマスターした。これも私が彼《かれ》の物覚えの悪さに辛抱《しんぼう》強くつきあってあげたおかげだ。「歌を教えてやったんだから、漫画《まんが》の本を買うお金をちょうだい」と言うと、二〜三回成功してお金をもらえたので、まァ苦労はしたものの少しはやったかいがあった。

この他、都はるみの『北の宿から』を教えた時も苦労した。♪あなた変わりはないですか、というところを何回言ってもヒロシは♪あなたお変わりないですか、と歌うのだ。次の♪日ごと寒さがつのります、というところは♪夜ごと寒さが積もります、と細《こま》かく二重にしかも全く違う意味になる間違い方をしているし、次の♪着てはもらえぬセーターを、というところを♪着てはくれないセーターを、と間違えている。女心がぜんぜんわかっていないのだ。だから女心がらみの歌をことごとく間違え、なかなか覚えないのだ。北の宿で、別れた男のことをまだ想《おも》って寒さをこらえてセーターを編《あ》んでいるという切《せつ》なく哀《かな》しい女の心などこの酔《よ》っ払《ぱら》いのヒロシにわかるもんか。

私にも、この女の人の気持ちが詳《くわ》しくはわかるものではないが、それでも「ああ、まだセーターを編んじゃうぐらい好きなんだな。どんな理由で別れたんだか知らないけど、お気の毒に。もうそのセーター一枚《まい》編んだら、スッパリ未練捨《す》ててまた元気出してがんばんなよ」と、このぐらいの感想をこの歌に対して持っていた。だから、意味を考えればそうそう歌詞をやたらと間違えたりしないものなのだ。

ちあきなおみの『喝采《かっさい》』という歌についても私はいろいろ考えていた。この歌にでてくる女の人は、三年前に恋人《こいびと》を捨てて歌手になるために都会へ旅立ち、歌手になって舞台《ぶたい》に立つようになったある日、恋人が死んだという知らせを突《とっ》然《ぜん》きいたのだ。それで呆然《ぼうぜん》としているという歌だ。だからちあきなおみも呆然とした感じでこの歌を歌っていたのである。

私は、この歌の中の男の人が何で死んだか気になって仕方なかった。事故《じこ》なのか病気なのか或《ある》いは自殺なのか、そして昔の恋人の死を知らされた時の女の人のショック、ドラマチックだよなーと子供心に感心していた。

ところがヒロシは、この歌の出だしからもう間違えていた。♪いつものように幕《まく》が開き、というところを♪いつものようにまくら空き、と歌っていたのだ。枕《まくら》が空いていたんじゃなくて、幕が開いたんだよこのバカッと思う。この歌の意味とかドラマを何も考えていないじゃないか。ちあきなおみがどうしてあんなに呆然としているのか、それを少しはわかってあげなきゃちあきなおみも呆然としたかいがないというものだ。

私はヒロシに勝手に歌わせてみることにした。とりあえず♪いつものように幕が開き　恋の歌うたう私に　届《とど》いた知らせは　黒いふちどりが　ありました、というところまで歌わせてみるとヒロシは♪いつものように枕空き　恋の歌をうたう私は　遠のいた知らせに黒い不死鳥《ふしどり》がおりました、と歌った。

何をどう解釈《かいしゃく》すればよいのか。遠のいた知らせに黒い不死鳥がおりましたとはどういう状況《じょうきょう》なのか。これにはちあきなおみでなくとも私だって呆然とした。もう相手にするのをよそうと思ったが、更《さら》に続けてひとりで歌わせてみるのも面白いと思い続けて歌わせてみた。

次、♪あれは三年前　止めるあなた　駅に残し　動き始めた汽車に　ひとり飛び乗った、というところをヒロシは♪われら三年前　飛べるあなた　えきりのごし　くどき始めた汽車へ　ひとり呼《よ》び乗った、と歌った。

メチャクチャである。われら三年前というところからもう違っている。しかし問題は次だ。♪飛べるあなた　えきりのごし、これをどういうつもりで口から歌にして出そうと思うのか。飛べるあなたというところをみると、ヒロシの心の中ではさきほどの黒い不死鳥のことと何か関連があるのかもしれないが、えきりのごし、これは完全に意味のない言葉だ。

♪くどき始めた汽車に　ひとり呼び乗った、というのも相当だ。人を口説《くど》くなんてどういう汽車だよと思うが、それに呼び乗るなんて、何もかもどうかしている。〝呼び乗る〟という言葉ひとつとっても、そんな言葉の使い方を普通しないではないか。

私は内心かなりウケていたが、呆れていたのも事実なのでヒロシに厳《きび》しく

「おとうさんには呆れたね。全部まちがっているから一からやりなおしだ」と言い、最初から正しく教えることにした。

歌の後半で♪ひなびた町の昼さがり、というところを、私は♪しなびた町の昼さがり、と歌ってしまいヒロシに「やい、しなびた町じゃなくて、ひなびた町だろ」と指摘《してき》されてガンッとショックをうけた。そうか、しなびた町じゃなくて、ひなびた町だったのか…わたしゃてっきりしょんぼりした雰囲気《ふんいき》の町だとばっかり思っていたのに、あーあ、ヒロシに注意されるなんて口惜《くや》しいやら情《なさけ》ないやら、と風呂の中で無念をかみしめる事になった。

そんなある日、うちの裏《うら》のおばさんにバッタリ会ったとき「ももちゃん、毎日おとうさんとお風呂で歌をうたってるねぇ。よくきこえるわよ」と言われ、私は血の気が引いた。

この世にこんな恥《は》ずかしいことがあっていいのだろうか、と思いよろめきそうになった。ショックを引きずりながら家に帰る途中、ずっとヒロシのダミ声が私の頭の中にひびいていた。そして、自分が得意気《とくいげ》にヒロシに歌の指導《しどう》をしている様子もミックスして私の頭の中をグルグル回っていた。

家に帰り、私はヒロシに「もう、風呂の中で歌を教えるのはやめるから」と告げると、ヒロシは「なんで？」と言うので私は「裏のおばちゃんの家につつぬけみたいよ。あんたの間違っている歌声も、私の歌う声も、よくきこえてるってさ」と言った。するとヒロシは「別にいいじゃねぇか。裏のおばさんも、ついでに一緒《いっしょ》に覚えりゃいいや」と言ったので、女心だけでなく恥もわからぬこの男に、わたしゃもうついてゆけないよと思ったのであった。

忘れ物をする

忘《わす》れ物をしないようにしようと思ってはいたのだが、わりと忘れ物の多い子《こ》供《ども》だった。体育のある日に体操着《たいそうぎ》を忘れ、わざわざ親に届けさせたあとその使った体操着を家に持って帰るのを忘れる。図書室で借りた本を返す期日には必ず忘れ、そのうち借りてることすら忘れてしまう。理科の実験で虫メガネなどが必要な時もたいてい忘れ、せっかく買ってもらったのに使わぬまま机《つくえ》の引き出しに何年も入れっぱなしになっていたりする。

当然、母からはこの忘れ物グセについて何百万回も注意されていた。だらしがないとか情《なさけ》ない等、顔を見るたびに言われていた。しかし、なぜかうっかりしてしまうのだ。こっちだってわざと忘れているわけではない。忘れ物なんてしたくないなァとは思っているのである。忘れ物をぜんぜんしない級友のことを〝立派《りっぱ》だよなー〟と感心していたし、自分が忘れ物をした時にはその都度ハッとし、まずいなァ…こんなことではいけないよな…と反省もしているのだ。

毎度のことで平気になっていたわけではない。その場その場で肩身《かたみ》の狭《せま》い思いを味わい、反省の念を抱《いだ》き、今度からはしっかりしようと思っていたのだからそういう点を母にも評価《ひょうか》してもらいたかった。

だが、私の反省は次のステップにつながっていなかったため、母も全く評価してくれなかった。反省なんてしなくても、忘れ物さえしなければそれで良いのだ。反省など、何か失敗をしたからするのであって、する機会がなければそれにこしたことはない。ただ、失敗の後に反省をした方がまだましというだけのことだ。評価の対象になるものですらない。

ある日母は真剣《しんけん》な顔で私に、「あんた、なんでそんなに忘れ物をするの？予定帳に書いてある物を支度《したく》して持って行けばいいだけのことじゃない。そんなにカンタンなことが、どうしてできないわけ？」と尋《たず》ねてきた。私はそれをきいて、「本当に、なんで私はそんなにカンタンなこともできないんでしょうか？」と自分の事をきかれているのにきいた相手に自分の事をききかえしてみた。すると母は案の定「ふざけるんじゃないよっ」と言って怒《おこ》り、何で忘れ物をするのか一からよーく考えてみなさいと厳《きび》しい目でにらんで言った。

そんな怖《こわ》い顔でにらまれたら私だってとりあえず考えてみなくてはなるまい。ちょっと考えてみたが、ついつい忘れてしまうという理由以外思いつかなかった。私が黙《だま》っていると母は「まず、あんたは朝起きるのが遅《おそ》いくせに、起きたあとにバタバタと持ち物の支度をするでしょっ。前の日の夜に支度しておかないから悪いんだよっ」と原因《げんいん》のひとつである〝当日朝の支度〟を指摘《してき》した。

よくわかっているじゃないか。さすがお母《かあ》さんだ。こうなったら、もっと教えて私のことを、という気持ちになってきた。私が忘れ物をする原因は他《ほか》に何だろう。興味《きょうみ》があるではないか。母は続けて言った。「それからねぇ、あんた、予定帳をしっかり書いてないから、持ち物をキチンとメモしてないから忘れるんだよ。忘れ物をしないためにメモするんだから、そのメモを正確《せいかく》にしてなきゃ話にならないじゃないっ」まったくおっしゃる通りである。確《たし》かに私は予定帳をいい加減《かげん》に記していた。汚《きたな》い字でサッとだいたいのことだけ大雑把《おおざっぱ》にメモし、細《こま》かい持ち物などは面倒臭《めんどうくさ》いからメモしなかったりしていたのだ。これじゃ忘れ物をするに決まっている。

まとめると、忘れ物の原因は〝当日朝の支度〟と〝いい加減なメモ〟このふたつだったのだ。このふたつを克服《こくふく》すれば、忘れ物をしない子供に変身できるのだ。こんな簡単《かんたん》なことを、今までどうして教えてくれなかったのか。私は母に「もっと早くそれを教えてくれりゃよかったのに」と文句《もんく》を言うと母はカンカンに怒りながら「あたしゃねぇ、今までだって何百回も同じことをあんたに注意してきたのに、今の今まであんたは私の話をまともにきいてなかったんでしょっ」と言った。

そう言われてみると、今までもしょっちゅう「夜寝《ね》る前に明日《あした》の支度をしなさい」とか「予定帳をキチンとつけろ」と言われていたような気がする。しかし、いくら言われても「あーあ、またお母さんが怒ってら。くわばらくわばら」などと思うだけで、母のことを〝文句言い人形〟とでも思って見ていたような気がする。文句言い人形なんてオルゴールがフタを開けば鳴るのと同じで、どうせ口を開けば文句を言うのだ。だから気にしないでほっときゃいいや、とこんなかんじで聞き流していたのであった。

私は母に申し訳《わけ》ない気持ちになった。今までだって私のためになる事を何回も言ってくれてたのだ。それを文句言い人形だと思って適当《てきとう》にほっておいたなんて、本人に言ったらブンなぐられそうでとても言えないが、今後はまじめに話をきこうと思う。

忘れ物の原因もわかったことだし、母に対して感謝《かんしゃ》と反省もしたことだし、よかったよかったと思い、その夜もいつも通り明日の支度をしないで眠《ねむ》った。

朝起きたら母が怒り、「昨日《きのう》あれほど言ったのに、また支度をしてないなんて、あんた一体どういうつもりだねっ」と言ってにらんでいた。ホントに私は一体どういうつもりなんだろう。また母に尋ねて教えてもらおうかと思ったが朝なのでやめた。

母は文句を言い続けていたが、私はそんなものをきいているヒマがなかった。急いで支度をしなければ、遅刻《ちこく》をしてしまうではないか。私がドタバタとあわてて支度をしているのに、母はまだ文句を言っている。文句を言っている余裕《よゆう》があるのなら支度を手伝ってくれりゃいいのに、気の利かない文句言い人形め、と思ったとたんハッとした。私は昨日あんなに反省したはずなのに、またお母さんのことを文句言い人形だと思っているなんて、これじゃ反省した意味が無い。でも今は文句にかまっている場合ではない。一刻《いっこく》も素早《すばや》く支度をして学校へ走ってゆくのが私のすべき事なのだ。

遅刻寸前《すんぜん》に学校に着くと、クラスメイト達《たち》がみんな彫刻刀《ちょうこくとう》を持っているではないか。そういえば今日はそれを持って来るべきだったのに、私は予定帳にキチンと書いてなかったから持って来るのを忘れてしまった。

母の指摘どおり、予定帳のメモは重要なのだ。彫刻刀を持って来なけりゃ今日《きょう》の図工の二時間は、まったく何もしないまま過《す》ごすだけになってしまう。二時間も何もしないまま過ごすなんて一体私はどのツラ下げていりゃいいんだろう。当然先生にも怒られるに違《ちが》いない。

先生に怒られるぐらいなら、親に怒られた方がましだと思って私は家に電話をかけに走った。校門のすぐそばにある電話ボックスは私の忘れ物専用《せんよう》電話かと思うほど便利なものだった。

　母が電話に出たので私は「三時間目までに彫刻刀を持ってきてほしいんだけど」と用件《ようけん》のみをカンタンに伝えた。電話の向こうから母の怒りの声がきこえてきたが、受話器を耳から少し離《はな》していればあまりきこえないためたいしたダメージも受けずにやりすごすことができる。母の怒りさえ素直《すなお》に受け流せば、あとはヒロシが私の忘れ物を持ってバイクで届《とど》けてくれるのを静かに待つだけだ。

　二時間目が終了《しゅうりょう》し、休み時間になった。私は校門の脇《わき》でヒロシが来るのを待っていた。遠くの方からヒロシがやって来た。ボロいバイクにまたがって、私の彫刻刀を持ってこっちに向かって走っている。こんな時だけヒロシがちょっとカッコ良く見えた。娘《むすめ》のピンチを救うため、ヒロシは〝忘れ物お届けライダー〟に変身したのだ。

　ヒロシは私の目の前でバイクを止め、彫刻刀を手渡《てわた》しながら「ホラ。もう忘れ物するんじゃねえぞ」と言い、再《ふたた》びバイクに乗って去って行った。去りゆく

父の後姿《うしろすがた》に、私は「おとうさん、事故《じこ》にあわないで帰ってよ」と毎回必ず祈《いの》っていた。一見父親の身を案じる心優《こころやさ》しい娘のように思えるが、自分の忘れ物のために父を利用したのだから、その帰りの無事を祈ることぐらい当たり前である。本来なら、高野山《こうやさん》にでも登って、お守りのひとつでもヒロシに渡すべきだ。

母とヒロシの連携《れんけい》プレーによって、私は無事に図工の時間を過ごすことができた。〝自分の彫刻刀をちゃんと持ってますよ〟という誇《ほこ》らしい気持ちで彫《ほ》り物に没頭《ぼっとう》した。文句言い人形と忘れ物お届けライダーのありがたさここに極《きわ》まれりといったかんじだ。

また、忘れ物をした時の変形プレーとして、〝姉に借りに行く〟という方法もあった。絵の道具や三角定規《じょうぎ》、習字の筆など、姉に助けてもらえる物はそれでまかなっていた。ケンカをした時には「ひとりっ子ならよかったのにっ」と本気で思うのだが、ピンチの時には「お姉《ねえ》ちゃんがいるって本当にすばらしい!!」と心の底から思ったものだ。それにしても、姉は私のところに何か借りに来たことなど一度もなかった。ということは、姉の方は「妹がいるって本当にすばらしい!!」とは一度も思ったことがないかもしれない。どっちが得かと考えれば、姉がいることのすばらしさを実感する機会の多い私の方が得だといえる。となると、忘れ物をする人の方がしない人より得なのか？　母に尋ねて教えてもらうまでもなく、自分で答はわかっていた。忘れ物をしない人の方がいいに決まっている。

彫刻刀を忘れたその日、家に帰ると〝忘れ物お届けライダー〟はいつものヒロシに戻《もど》って店番をしていた。一方母は〝文句言い人形〟に変身し、早速《さっそく》今日の忘れ物の事を怒っていた。「まったく、しょっちゅうしょっちゅう学校から電話してきて忘れ物を親に届けさせるなんて、あんたねぇ、私やおとうさんがいなかったらどうするつもり？」と母に言われてハッとした。お父さんやお母さんがいなかったら、私は一体どうするつもりなんだろう。

私が首をひねって、「さて、どうすりゃいいんでしょう？」と母に尋ねると、母は怒って「自分がしっかりすりゃいいんでしょっ」と言った。私は「なるほどねー」とまた母の解答《かいとう》に感心したわけである。

寒さの思い出

冬になるとうちはとても寒かった。世の中の便利とか快適《かいてき》とかそういう文明をあまり取り入れていなかったので、こたつしか暖房設備《だんぼうせつび》がなかった。ストーブを利用していた事もあったが、私がストーブの近くから離《はな》れなくなり、火力を勝手に調節したりするので危険《きけん》だという事でいつのまにか無くなった。

こたつがあるのは茶の間だけだったので、それ以外の部屋《へや》は人間の活動に全く適《てき》さない温度になっていた。茶の間ですら、こたつの中以外の場所は寒かったので、こたつの中だけが私の希望の場所だった。

冬の私は完全にこたつに生命維持《いじ》を依存《いぞん》していた。学校から帰るとこたつに直行し、用事があってもこたつから出るのを拒《こば》んだ。小便も限界《げんかい》まで我慢《がまん》し、極力回数を減《へ》らしていた。

だが、食事は台所のテーブルで食べる習慣《しゅうかん》だったので、非常《ひじょう》に寒くて辛《つら》かった。私は「こたつで食べたい」と何度も主張《しゅちょう》したが「こたつが汚《よご》れるからダメ」と必ず言われた。実際《じっさい》私はこたつをよく汚していた。おかしを食べてもカスをこぼし、甘栗《あまぐり》のカラなどでもこたつのふとんをうす黒く汚し、お茶を飲んでも湯のみをひっくり返したりしてこたつをメチャメチャにしていた。ちょっとしたおやつ程度《ていど》でもこたつをあんなに汚していたのだから、本格的《ほんかくてき》な食事をこたつでさせてもらえないのも仕方ない話なのであった。

だからといって、こんなに寒い台所で食事をするぐらいなら食事なんていらない。私はもともと食欲《しょくよく》がない方なのだ。それをムリして食べていたのだから、これ以上辛い条件《じょうけん》が重なるのなら食べなくても良い。

そう思い、母に「寒いからごはんいらないよ」と申し出た。母は「あんた何言ってんの」と私の申し出を軽く受け流していた。どうやら私が本気で言っていると思っていないらしい。もちろん私は本気だ。もう一度言わなければ母はわからないのならもう一度言うだけだ。「お母《かあ》さん、わたし、本当にごはんいらないから。全部こたつでやる。こたつで暮《く》らすからさ」そう言って茶の間のこたつに戻《もど》ろうとしたら、母が怒《おこ》った。

「ばかなこと言ってんじゃないよ。あんたねぇ、こたつこたつって毎日こたつにもぐって生活して、それでいいと思ってるの?」と言われてしまった。別にそれでいいとは思っていない。このままこたつにもぐりっぱなしの大人《おとな》になったらどうしようと思うと、自分の将来《しょうらい》が少し心配にもなっていた。

母はひき続き怒り、「みんな寒くてもきちんと普通《ふつう》に生活してるのに、あんたばかりがこたつから出ないでTVばっかり観《み》て、何もかも怠《なま》けてだらしがなくて、最低だねっ」と言った。

ところで、私がどうしてこんなに子供《こども》の頃《ころ》に親に言われたセリフまでよく覚《おぼ》えているかというと、一回や二回じゃなくて何百回も同じことを言われているからである。オウムや九官鳥も何回も同じことを言われりゃ覚えるのと同じで、私も母の怒《いか》りのセリフをだいたい暗記しているのだ。怠けた時のパターン、食べ物を残したときのパターン、ムダ使いの時のパターン、宿題がらみのパターン等、母の怒りのセリフのパターンはいくつかあり、状況《じょうきょう》に応《おう》じたパターンが繰《く》り返されていた。私はそれをききながら、その都度反省したりしょんぼりしたりしつつ、「うまいこと言うなァ」とか「うん、言い得て妙《みょう》だ」などと母のセリフを観察していたのである。

話は戻るが、母から「最低だねっ」と言われた私はムッとした。母はよく私に対して気軽に〝最低〟という言葉を使っていたが、最低とは〝最も低い〟という意味なのだ。相当ひどい場合に使う言葉である。こたつに入って怠けてるだけの者に対して言うには過剰《かじょう》な表現《ひょうげん》である。

私は最低とまで言われる筋合《すじあ》いはないと反論《はんろん》した。なんか頭に来て止まらなくなったので次々言った。「こんな不便な家だから悪いじゃん。どこの部屋ももっとあたたかけりゃこたつにもぐってなんているもんか。寒いから何もしたくないんだよっ。寒くなけりゃ、家の手伝《てつだ》いも勉強も何でもやるのにっ。おかあさんはデブだから寒さをあんまり感じないかもしれないけど、あたしゃ寒いんだよっ。殺人とかドロボーをしたわけでもないのに、最低なんて言わないでちょうだいっ」

これをきいた母はカンカンに怒った。私も、デブがどうのこうのという件《くだ》りは、ちょっと余計《よけい》なことを言いすぎたかなと思ってはいたが、言ってしまったことは取り消せない。

母は「そんなにこの家が気に入らなけりゃさっさと出ていきな。あんたなんて戻って来なくてもいいよっ。デブで悪かったね。こんなデブなかーさんのカオなんて見たくないでしょうから、さっさと出て行きなさいっ」と言った。やはりデブの件りがだいぶ癇《かん》にさわっているようだ。母のデブの原因《げんいん》も、もとはといえば私がごはんを残すからいけないのに自分の残飯《ざんぱん》の始末をしてくれている人にむかって失礼なことを言うものではないなァとすまない気持ちになってきた。

母がムスッと怒った顔をして台所に立っている。その顔をジッと見る。なんだか可哀相《かわいそう》な気がした。にくまれ口をきいて本当に悪かったなァとだんだん反省が本気で湧《わ》いてくる。おかあさんの言う通り、こたつで暮らすなんて言った私が悪いのだ。そんな奴《やつ》、本当に最低だ。第一、こたつで暮らしている人なんてきいたこともない。何から何までこたつで済《す》まそうなんて、まともじゃない

ではないか。
私は母に謝《あやま》った。ごはんも台所で食べるし、もう少し努力するから許《ゆる》して下さい、と告げた。母は怒った顔を特に変えず「もう御飯《ごはん》も食べなくていいよ。さっさと出ていきなさいって言ったでしょっ」と言った。
　こっちが素直《すなお》に反省すればこの始末だ。さっき一瞬《いっしゅん》母の顔が気の毒に思えたが、もうただのブタまんじゅうにしか見えない。反省の気持ちも帳消しだ。私は悪くない。このままこたつを背負《せお》って暮らしてやる。御飯も食うなと言われてちょうどよかった。出て行けと言われた事に関しては、実行が難《むずか》しいのでこれはきかなかったことにする。

ふんっと横を向いて私は台所を去った。いつまでも台所でブタまんじゅうの顔なんて見ていても寒いだけでカゼでもひいたら大損《おおぞん》だ。

私はこたつに戻った。もうここで暮らすと決めたのだし、これで良いのだ。夕飯の時間になっても、本当に私が台所へ来なかったので母は先程《さきほど》の怒りに重ねて怒りが増《ま》したようだった。「もう御飯も食べなくていいよっ」と自分で言ったくせに、約束を守った私を少しはほめるどころかもっと怒るなんてつきあってられない。これで、もし私が御飯を食べに台所へ行ったとしても、一応《いちおう》御飯はもらえるだろうが、どうせ母の機嫌《きげん》が悪いまま気まずく食事をするだけなのだ。それなら台所へなど行くものか。

食事の時間が済み、店が閉《し》められ、母も父も姉も全員茶の間へやって来た。ヒロシや姉はいつも通りだが、母は一目で怒っているカオをしていた。まァ、母はよく怒っているので、それもいつも通りといえる。

母が怒ったカオをしていても、父も姉も別に気にとめない。どうせももこがつまらないことでまた怒らしているんだろう、と当たり前のように思っているからだ。そしてそれは当たっている。

誰《だれ》も母になぜ怒っているのかときかないので、母は自分から「ももこはこれから御飯を食べないんだってさ。こたつで暮らすんだってさ」と言った。それをきいたヒロシと姉は「ふーん」と言ったきり、特に何も言わなかった。ヒロシも姉も、こんなに毎度怒っている母の怒りにつきあう気もなければ毎度怒られている私につきあうつもりもないのだ。

母はヒロシと姉の無関心な態度《たいど》に腹《はら》を立て「あんたたち、ふーんじゃないよっ。ももこがバカだと思わないのかねっ」と言うと、ヒロシは「バカだな」とだけとりあえず言った。姉は黙《だま》って雑誌《ざっし》を見ている。私も黙ってTVを観ている。ヒロシもTVを観ているようだ。

母は怒り「だいたいあんた達《たち》は全員いい加減《かげん》すぎるっ。こうして私が怒ってんのに誰も真剣《しんけん》にきいてないじゃないっ。真剣に生きてない証拠《しょうこ》だよっ」とかなんとか激《はげ》しく言っていたが、三人とも平気で黙っていた。こんな日は、母は寝《ね》るまで文句《もんく》を言うのだ。私への怒りから順番にヒロシ、姉にまで及《およ》び、ひと通り全員怒られるのである。よくあることなので全員受け流し態勢《たいせい》が整ってお り、多少カチンと来る時もあるが大ゲンカになったりはしないで終了《しゅうりょう》する。

〝寒い〟というだけのことで、私はこのように母を何回も怒らせていた。ついでにヒロシや姉まで巻《ま》き添《ぞ》えにしていたのだから、ふたりには悪かったなァと思う。

かきぞめの宿題

せっかくのお正月だというのに、毎年かきぞめの宿題があるのは面倒《めんどう》くさかった。

算数ドリルとか漢字ドリルなどのデスクワークの宿題よりはまだましだが、別に習字に通っているわけでもない者にとっては全然うれしくない宿題である。まず支度《したく》が大変だ。普通《ふつう》の習字と違《ちが》ってかきぞめ用紙はふんどしみたいにやたら長いため、部屋《へや》に何枚《なんまい》も新聞紙を広げて敷《し》かなくてはならない。筆も下敷きも一年に一回しか使わないかきぞめ用の物を使うわけだが、これがどこかにしまい込《こ》んであり、いざ使う時に見つからなかったりする。

ないないと叫《さけ》びながらかきぞめの道具を探《さが》していると、母に「だからあんたはだらしがないって言うんだよっ」などと怒《おこ》られ、面白くない気分になってくる。ふん、かきぞめの宿題なんて、あるから悪いんだ。なけりゃ私も怒られたりしなかったのに。などとかきぞめを逆《さか》うらみし、道具が見つかった頃《ころ》にはすっかり書きたくもない気持ちでいっぱいになっている。習字は清らかな心で書かなくてはいけないのに、こんな荒《あ》れた気持ちでは話にならない。

本当なら、心が静まるのを待ち、おだやかな気持ちになってから取りかかるべきであるが、そんな悠長《ゆうちょう》な事を言っている暇《ひま》はない。私は毎年冬休みの一番さいごの日にあわててかきぞめをやっていた。かきぞめなんて、書きゃ終わるんだから、一番あとまわしにしたっていいさと毎年思っていたのである。だからどんなに心が荒れていようと、もう書くしかないのだ。

さて書くぞと思い筆を手にしたが、お手本がないことにハッと気がついた。お手本がなけりゃ、どんなにがんばったってうまく書けないではないか。

私はお手本を探した。確《たし》か冬休みに入る前、学校で配ったはずである。どこだったかなァとまたウロウロし始めたので、母が「何、あんたまだ書き始めてないの？　道具はあったんでしょ？」と言うので仕方なく「道具はあったんだけど、お手本の紙がなくってね…」と、内心あせっていたが、たいしてあせっていないふりをして言った。あせっている様子を見せると相手もつられてあせって怒《いか》りを招《まね》くのである。こちらがおちついていれば、相手もおちついて接《せっ》してくるだろう。

と思っていたのに母は怒った。「お手本をなくすなんて、あんた一体何考えて生きてんのっ」と言われてしまった。おちつきを見せる作戦は失敗だ。何考えて生きてんのなんて言われては、もう何もかもどうでもいい。

私は母に「お手本なんてなくたって書けるからいいんだもん。一応《いちおう》あった方がいいかなと思って探してただけだもんね。別に困《こま》るわけじゃないからさ。今から書き始めるもんね」と言った。ムリして強がっているのが見え見えだが、もうこれ以上かきぞめの事なんかで母に叱《しか》られたくないからこれでいいのだ。

本当に、かきぞめの事で怒られるなんて損《そん》な話だ。どちらかといえばかきぞめなど、趣味《しゅみ》の部類に属《ぞく》すものだから、宿題とはいえ娯楽《ごらく》なのだ。娯楽で怒られちゃたまらない。もっと真剣《しんけん》なもので怒られるべきだ。

娯楽なのだから、お手本がなくてもいいさと思い、気軽にいくことにした。さて、いよいよ本番だ!! と筆を手にし、またハッとした。何て書くのか思い出せないではないか。

私は筆を持ったままジッと考えた。えーと、たしかお正月にまつわる言葉だったと思うんだけど…何だっけ？　おせち料理？　いや違う。五文字じゃなくて四文字の言葉なんだよ。う――ん、初日の出？　だったかな。なんかそんな気もするぞ。四文字だし。たぶんそうだと思うけど、念のため誰《だれ》かにきいてみよう。

そう思って私は電話をかけに行った。母に見られたらやだな、と思ったがうちの電話は店にしかないのでどうしても見られてしまう。が、背《せ》に腹《はら》は代えられない。

店まで行くとさっそく母に見つかり「なに、あんたまだ何やってるの？」と尋問《じんもん》されたが無視《むし》して受話器を手にとりダイヤルを回した。

声をひそめ、友人に「あのさ、今年のかきぞめ、何て書くんだっけ？」と尋《たず》ねると、友人はあまりのくだらない質問《しつもん》に驚《おどろ》き「えっ、今から書くの!?お手本はどうしたの？」などと余計《よけい》なことを尋ねてきたので面倒臭《くさ》かった。

こっちにしてみりゃバカは百も承知《しょうち》ですからさっさときかれたことだけ教えて下さいという心境《しんきょう》なのにそれをちっともわかっていない。ましてや私のそばに母がいて、聞き耳たてているんだから早くしてよなどという厳《きび》しい状況《じょうきょう》を察してなんてもらえない。

私は仕方なく小声で「あのさ、お手本、なくしちゃったんだ…」と言った。友人は呆《あき》れ「ええっ、なくしたの⁉」と叫んだ。もういいから早く言えよこのやろう、という気持ちにより足先がトントントンと動き始めた。こちらがでかい態度《たいど》で言える立場ではないので申し訳《わけ》なさそうに電話しているが、いいかげんで何て書くか言え――っと心の中は不良中学生か取り調べ室の刑事《けいじ》みたいになっていた。

「おとし玉だよ。おとし玉の玉は漢字でね」と友人は言った。そうだ、おとし玉だった。あ――あ言われてみりゃすぐに思い出せるのに、なんでこんな簡単《かんたん》な言葉を忘《わす》れていたんだろう、と思いながら電話を切った。

受話器を置いて振《ふ》り向くと、母がこちらをにらんでいる。私はかかわりあわないように黙《だま》って去ろうと思い、そうした。すると後方から「バカッ」と一声母の怒りがきこえてきたが、どうせバカなんだから一言《ひとこと》で済《す》めば安いものだ。私は予想以上に怒りを避《さ》けられたため、ちょっと満足感を覚えた。

かきぞめで書く言葉を忘れるなんて、本当にバカである。それを電話で友人にきくなんて、そんな姿《すがた》を母に見られたのに、バカの一言で済むなんて運がいいよなー、と最低レベルの喜びにより心はずいぶん静まった。やっと書き始める時が来た。

私は筆を取り、「お」と書いた。次に「と」次に「し」と書き、筆をおいた。〝玉〟を漢字で書くのかひらがなで書くのか忘れたのである。たしか、さっきの電話で友人は〝玉は漢字だよ〟と言っていたと思うが、もしかしたら〝玉は漢字じゃないからね〟と言った気もする。だって、玉ってふつうなら漢字で書いてしまいそうだけど、わざわざ友人が玉について何か一言注意をするとすれば〝玉は漢字じゃないからね〟の方がありそうではないか。

また電話できくことにした。すごくイヤだったがどうしても確認《かくにん》した方がい

え〜〜と…
玉は漢字って
言ってた気が
するけど……
…でも
ひらがなだって
言ってたかも
……どっち
だろ……
玉のことで
悩む私

い。さっきも友人に確認をしなかったら、今ごろ私は何枚も『初日の出』と書いていたところだ。だから自分の記憶《きおく》を信じない方が良い。

店に行くと母はお客さんの相手をしていたので好都合であった。このチャンスを無駄《むだ》にすまい。私は素早《すばや》くダイヤルを回し、先ほどの友人に電話した。

「だからさっきも〃玉〃は漢字だよって言ったのに」と友人は少々不《ふ》機嫌《きげん》そうに言った。私は「ごめんごめん」と素早く謝《あやま》り、サッと電話を切って母の方を見ずに走って部屋に戻《もど》った。

かなりまずい状況だったのに、何ひとつ問題なくこのピンチを切り抜《ぬ》けられた喜びは大きい。ひょっとして、今年《ことし》はいい事あるかもな、なんて調子にのって思ってしまう。

かきぞめの言葉も「おとし玉」なんて景気がいいではないか。どんどん気分がノッてきた。こういうすがすがしい心こそ、かきぞめにふさわしいものだ。

ええいっ、と勢《いきお》い良く書いたら、〝玉〟が入るスペースが足りなくなり「おとし玉」となってしまった。玉のことを考え、〝おとし〟をやや小さめにしなくてはと思う。今度はそれを心がけたところ「おとし玉」となってしまった。難《むずか》しいものである。全体のバランスこそ、何事にも肝心《かんじん》であることを習字は教えてくれる。〝書は人生の道なり〟とは今私がふと考えついたものだ。でもだいたい当たっていると思う。

散々「おとし玉」という文字を書いてはみたものの、満足のゆく出来のものは一枚もなかった。いくら娯楽とはいえ、新学期には全員のかきぞめを教室の壁《かべ》じゅうに貼《は》るのだから下手《へた》なものを持って行ったら当分の間恥《はじ》をかき続けることになる。だから、少しはまともなものを持っていきたい。

それならもっと何日も前から練習すれば良かったのになどと言われてももう遅《おそ》い。あと何枚か書き、それらが全部不満な出来だったとしても、その中から一枚持ってゆくしかない。私は少し気を引きしめた。紙も残りわずかしかない。もう一枚もムダにできない。

気合いを入れて書いたら、思いがけずうまく書けた。やはり、気合いが何事にも肝心なのだという事も習字は教えてくれる。〝書は人生の気合いなり〟と今また私がふと考えてみたが、これは先程《さきほど》の思いつきより腑《ふ》に落ちない感じがする。ふとした思いつきで書を語るなということであろう。

うまく書けたものが一枚あればそれで完了《かんりょう》だ。もっと書けばこの後にもっとうまく書けるかもしれないなどという努力を私は決してしない。そういうところが短所だとも思うのだが、一枚成功したものがあればそれでいいのなら、二枚三枚と成功して「さて、どれにしようかな」などと悩《なや》むのも時間のムダというものだ。どうせ入賞するほどうまいわけではないのだし、恥をかかない程度《ていど》に書けていれば良いのだからこの一枚で良い。

新学期になり、予定通り全員のかきぞめが教室じゅうに貼られた。私のかきぞめも、あんな苦労があったとは思えないほど普通にすました感じで貼られていた。特に目立ってうまいわけではないが、注目するほど下手ではない。まるでただの壁紙のように、そこに溶《と》け込んで調和している。これが大切なのだ。〝書は調和なり〟最後にまたふと思いついたが、これはわりと当たってると思う。

いしやきいも

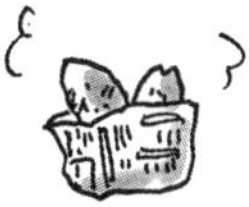

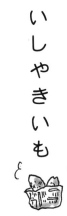

うちが八百屋《やおや》だったせいで、私はいしやきいもを買ってもらえることがめったになかった。やきいも屋の声がきこえてくると一応《いちおう》「ねぇやきいも買ってよ」と親にたのんでみるのだがたいてい「わざわざ買わなくてもうちで売ってるイモを焼いて食べれば同じじゃないか」と言われ、やきいも屋の声は遠ざかってゆくのであった。

私は悲しかった。自宅《じたく》で焼いてイモを食うのとやきいも屋からイモを買って食べるのとは大きな違《ちが》いがあるのだ。サツマイモを焼いた物を胃に納《おさ》めるという点だけ考えれば同じかもしれないが、その他《ほか》の点ではことごとく違っている。まず、気分が違う。やきいも屋の屋台を追いかけてゆき、「おじさん待ってーっ」と叫《さけ》び、おじさんを振《ふ》り向かせて屋台《やたい》を止める。私のために屋台とはいえ店一軒《いっけん》が移動《いどう》を中止してくれたのだと思うとうれしいではないか。

目の前でおじさんが熱い箱の中から焼きたてのイモを軍手をした手で取り出

す。それを小さな天秤《てんびん》に乗せて重さを計り、「ちょっと多いけどおまけしてあげるよ」と言いながら新聞紙にくるんだイモを手渡《てわた》してくれるあの気分。屋台の近くに立っている時、屋台についている小さな煙突《えんとつ》からいい匂《にお》いの煙《けむり》が出続け、本体のお尻《しり》の方には火の燃《も》える赤色がチラチラ見えて温かさが伝わってくる。

新聞紙にくるまれたやきいもを家に持って帰るまでの、紙とイモの匂いがまじった香《かお》りも期待の高まる喜びに満ちあふれている。イモの熱が、新聞紙を介《かい》して掌《てのひら》に心地《ここち》良く伝わってくる感じもオツなものだ。

買う時の気分だけでもこれだけ味わいがある。どれひとつとっても、自宅で焼いたイモでは得られぬ要素《ようそ》ばかりなのだ。当然味も全く違う。ふくよかな香り、ねっとりとした甘《あま》み、ほっこりした歯ごたえ、どんなにがんばっても自宅で焼いたイモはかなわない。イモを喉《のど》に詰《つ》まらせるにしても、どうせだったらやきいも屋で買ったイモを喉に詰まらせたい。

だから買って欲《ほ》しいのだ。いくらうちの店で生《なま》のサツマイモをいっぱい売っていてもそんなものには用がない。百本の生イモより一本のいしやきいもが肝《かん》心《じん》なのだ。それを親は全くわかってくれない。

そんなに欲しけりゃ自分で買えばいいじゃないかと思うかもしれないが、子《こ》供《ども》のおこづかいで買うには少し高いのでなかなか手が出せないのである。たとえ買えるお金を持っていたとしても、自腹《じばら》を切ってまでやきいもを買おうとは思わなかった。でも誰《だれ》かが買ってくれるのなら欲しいのである。買ってもらえるとなれば大変うれしい。やきいもとはそういうものだ。

やきいもの事で一番親を困《こま》らせたのは私が五歳《さい》の時だった。

当時の私はまだ自分の町でやきいも屋を見かけたことがなく、たまたま親せきの家に行った時にやきいも屋に出会い買ってもらったため、てっきり親せきの家がある町にしかやきいも屋はいないと思っていたのであった。だから、自分の町で見かけた時にはときめいた。親せきの町だけの名物ではなく、我《わ》が町にも来てくれたとなれば買うしかない。

それで「買ってくれ」とせがんだのだが、親は「うちで売ってるイモを焼いて食べればいい」と言って買ってくれなかったので私は店先で大騒《おおさわ》ぎした。やきいも屋の声はどんどん遠ざかってゆく。せっかくこの町に来たのに、もうこんなチャンス二度とないんじゃないかと思うと居《い》ても立っても居られない。

大騒ぎしたのにとうとう買ってもらえなかったので私は大泣《な》きした。店に買い物に来ていたお客さん達《たち》は私が泣き出したので困惑《こんわく》しつつ「どこのうちの子供もみんな欲しがるのよねぇ、やきいもを」などと苦笑しながら言い合っていた。

父も母も泣いている私にむかって「こら、お店で泣くんじゃない」と次々に言ったが私は泣きやまなかった。いしやきいもを買ってもらうまでこの涙《なみだ》は止まらないのだ。

私が泣き続けていると、近所のおっさんがうちに買い物に来た。そして「何を泣いているんだ」と私にきくので「やきいも」と泣きながら答えた。

きかれたから答えたのに、おっさんは私の答をきいて怒《おこ》り「やきいものことなんかでいつまでも泣いてるんじゃないっ」と言った。

何のことで泣こうが大きなお世話じゃないか。私はアンタの子でもないのに、怒られる筋合《すじあ》いはないねと思ったが、泣いているので反論《はんろん》もできずそのまま泣き続けた。するとおっさんは更《さら》に「そんなにいつまでも泣いていると、やきいも屋の火のカマの中にほうり込《こ》むぞっ。それでもいいのかっ」と言った。いいわけないじゃないか。そんなことされるなんて、ヘンゼルとグレーテルにでてくる婆《ばあ》さんじゃあるまいし冗談《じょうだん》じゃない。さっきからアンタ、なんで私にそんな怒るわけ？　と思ったが余計《よけい》おっさんが怒るとイヤなので言わずに泣き続けていた。

ぜんぜん泣きやまない私にむかっておっさんは目をカッと大きく見開き「コラッ、ホントにほうり込むぞっ」と言って鬼《おに》のような顔をして睨《にら》んだので私は「ギャ――ッ」と叫んで家の奥《おく》へ走り逃《に》げた。

たいして親しくもない単なる近所のおっさんに、こんなに脅《おど》かされて怒られるなんてくやしいったらありゃしない。もうイモなんてどうでもいい。あのおっさんへのくやしさでとにかく涙が枯《か》れるまで泣きたい。

なんでよそのオッサンにこんなに怒られなきゃなんないんだ。
うるさいっ イモの火ン中にほうりこむぞっ
ぎしゃっ
つん
にんじん
長野

わんわん泣き続けていると母がやってきて「今からおイモを焼いてやるからもう泣くんじゃないのっ」と言ったので〝まだわかってない!!〟と思い尚更《なおさら》泣けた。家で焼くイモが欲しくて泣いたんじゃない。そしてもう、イモなんていらないのになんでそんなこともわからないのか。

そんな複雑《ふくざつ》な心境《しんきょう》も知らず母はフライパンでイモを焼き始めた。焼き上がる頃《ころ》には私の涙も枯れ、泣きやんでいた。母は私にイモを手渡しながら「ホラ、やきいも屋のと同じでしょ」と強引《ごういん》に同じことを認《みと》める要請《ようせい》をしてきたが、私は素直《すなお》に「うん」とは言えず黙《だま》っていた。同じなもんか。似《に》て非《ひ》なるものとはこのことだ。私は手渡されたイモを食べず、テーブルの上に置いた。母は「せっかく焼いてやったのに、食べないなんてヘソ曲がりな子だねっ」と怒ったが、子供のヘソが曲がるまでにはそれなりの理由があるのだ。

それ以降《いこう》、やきいもの事で泣いて騒いで親を困らせた事はないが、やきいも屋の声がきこえるたびに一応「買ってくれ」とねだってはいた。百回に一回ぐらい「よし、それじゃ今日《きょう》は買おうか」という事になるので、ムリを承知《しょうち》で一応ねだることは肝心だった。

買うことになると大あわてになる。早くしなければ行ってしまうので一刻《いっこく》の油断《ゆだん》も許《ゆる》されない。自分の運動グツなどをモタモタはいているヒマはないので母のサンダルを引っかけて走る。ほとんどの場合は追いついて間に合うのだが、二〜三回まにあわずに見失ったことがある。そんな時はガックリして大きなため息と共に「あーあ、行っちゃった…」とわかりきった現状《げんじょう》をつぶやき、このさいサンダルさえはかずにはだしでとび出せばまにあったのかな…などと後悔《こうかい》するが、そんなこと去って行ったイモ屋のおやじに聞こえやしない。

クラスメイトの間でも、冬場はいしやきいもについての話題がたまにのぼった。

「いしやきいもってさ、家で焼くイモより全然おいしいんだよね」と誰かが言うと皆《みな》うなずいた。やはりみんなそう思っているのだ。「でもさ、高いんだよね」という意見にまた皆がうなずいた。何であんなに高いんだろう。八百屋で買えば三本百円ぐらいのイモが、やきいも屋のイモは一本三百円ぐらいにハネ上がっている。なぜ？

私達は考えた。誰かが「やきいも屋は、八百屋のイモよりいいイモを使っているんじゃないか」と言った。この意見には八百屋の娘《むすめ》としては少々ムッとした感じを覚えたが、ここで「八百屋のイモをバカにするんじゃないよ」などとイモのことで怒るなんて野暮《やぼ》ったいのでグッと押《お》さえた。

次の意見として、いしやきいも屋は屋台の火を燃やし続けているので、燃《ねん》料代《りょう》がかかなりかかるのではないか？　というものがでた。

これは素直にうなずける。屋台の火を絶《た》やさないためには、薪《まき》か石炭か何か知らぬが燃料が相当必要にちがいない。その他、屋台自体を買うお金やおじさんの労働代など、もろもろの経費《けいひ》を全部ひっくるめて一本三百円ぐらいにしないと割《わり》が合わないのだろう。私達は納得《なっとく》した。

ところで、あの屋台はどこで売っているのだろう？　と誰かが言い出したので私達はまた考えた。今までそんなこと考えたこともなかったが、確《たし》かに、あの屋台が存在《そんざい》している以上、どこかで誰かが作って売っているはずである。しかし、屋台を売っている店の話などきいたこともない。

あの屋台は、火を燃やし続けるカマが取りつけてあったり、煙突がついていたり、なかなか凝《こ》った仕組みになっているので専門家《せんもんか》でなければ創作《そうさく》できないように思われる。私達は知らなくても、やきいも屋さん達のあいだでは有名な職人《しょくにん》さんがいるのだろう。

やきいも屋の屋台を作る専門家って、なんかカワイイ職業《しょくぎょう》だなァと思う。

いっしょうけんめい車輪や小さい煙突やカマを組み立ててあの屋台を完成させるなんて、おとぎ話の中の職人さんの仕事みたいではないか。きっと自分の組み立てている屋台が、いい匂いの煙を出しながらおいしいやきいもを運んでいろんな町でみんなに喜ばれることを願って作るにちがいない。

そんな話をみんなでワイワイしているうちに、全員やきいもが食べたくなってきたのだが、「一本三百円は高いよねー」という話に戻《もど》り、全員あきらめるのであった。

ガーデニングへのあこがれ

今、ガーデニングが大流行していて庭やベランダをすてきにするためのいろいろ便利な物やしゃれた物がいっぱい売られている。これは植物好きの私にとってはうれしいことだ。みんな、もっともっと植物や花に興味《きょうみ》を持ち、外国の街並《まちな》みのようにどこの家の庭やベランダや窓《まど》からも花が咲《さ》き乱《みだ》れる風景になればいいのにな、と思う。

私は幼稚園《ようちえん》に通っていた頃《ころ》から植物に興味を持っており、はじめのうちはアサガオの種をまいたりして満足していたが、小学校三年生ぐらいからだんだん真剣《しんけん》に植物に凝《こ》り始めていった。

お金がなかったのでたまにしか園芸店で植物を買えなかったが、それでもさし木などをしてコツコツ鉢《はち》を増《ふ》やしていった。学校の花壇《かだん》からはパンジーやほうせんか等《など》の種をとり家でまいて育てた。また、山野草《さんやそう》もかなり遠くまで採《と》りに行きスミレやねじ花等をコレクションしていた。しんせきに私と趣味《しゅみ》の合うおばあさんがいて、盆栽《ぼんさい》をたくさん分けてもらったりもした。

そのため、我《わ》が家の二階の物干《ものほ》し場は私の集めた植物でいっぱいになった。二階の物干し場は私の趣味のための場といえる。植物だけでなく小鳥やメダカやカメ等のペットも一緒《いっしょ》に置いていた。この、たった六畳《じょう》ばかりの雨ざらしのボロい物干し場が私のやりたい放題《ほうだい》の天国だったのである。

母も植物が好きだったため、洗《せん》たく物を干すついでに鉢に水をかけてくれたりしていた。花が咲けば「咲いた咲いた」と喜んでいたし、枯《か》れそうなやつがあれば植えかえて立ち直らせたりもしていた。母が協力的だったために私は調子に乗り、ますます植物を増やしていった。

ある時、赤カブの種をまいてみようと思い立ち、店にあったりんご箱を利用して土を入れ、そこに種をまいてみた。赤カブの芽はいっぱい出て、私は「あぁ、家庭菜園成功だ。収穫《しゅうかく》したら赤カブのサラダをみんなで食べよう!!」とわくわくしていた。やがて収穫の時がきて、一応《いちおう》収穫したのだが、どのカブもみんな貧弱《ひんじゃく》でとてもカブとは思えず、単に赤い根っこの草がいくつもとれただけだった。母が「これじゃサラダになりゃしないね」と言ったので黙《だま》っているとうちの婆《ばあ》さんがやってきて、「捨《す》てるぐらいなら漬《つ》け物の中に漬けて私が食べるよ」と言って全部漬け物のタルの中に漬け込《こ》んでしまった。赤カブの栽培《さいばい》はそれで終了《しゅうりょう》した。つまらない思い出といえる。

また、なぜか急に自分で育てたひょうたんの中に七味とうがらしを入れて常《つね》に持ち歩きたいという妙《みょう》な欲望《よくぼう》にかられ「よし、今年の夏はひょうたんだ」と決意し、その栽培に乗り出したこともある。

ひょうたんの苗《なえ》はどんどん大きくなり、ツルを物干し場の骨組《ほねぐ》みに巻《ま》きつかせ、私の胸《むね》は高鳴った。これで実がなれば私の七味とうがらしを常に持ち歩きたいという妙な夢《ゆめ》が叶《かな》うのだ。

ところが、実がひとつもならなかったのでガックリした。夢も希望も夏と共に終わった。ひょうたんて、案外デリケートなものなんだなァ…と寂《さび》しく思った。

私はこの物干し場の環境《かんきょう》をもっと良くしたいと考え、屋外用のイスとテーブルが欲《ほ》しいと母に言ったらさすがにそれは断《こと》わられた。洗たく物が干せなくなると言うのである。母は「今のままの状態《じょうたい》でも、ももこの植物やペットで洗たく物が干しにくいのに、これ以上あそこに物を置くなんてムリだよ。だいたいねぇ、イスやテーブルなんて、広い庭のある家じゃなきゃ置けるもんじゃないし、ホントなら植物だって庭で育てるもんなんだよ。うちのは物干し場なんだから、庭やベランダじゃないんだから、これ以上何か増やすのはやめてちょうだい」と遂《つい》に私のやりたい放題に釘《くぎ》をさす発言をした。

そうなのだ。うちのは庭やベランダではなく、物干し場なのだ。物を干すためだけの使用目的として実に簡単《かんたん》に作られている。足場はスノコ状に張《は》られた木の板が敷《し》いてあるだけだし、柵《さく》は単純《たんじゅん》な鉄製《てっせい》の骨組みが組んであるだけだ。〝お粗末《そまつ》〟という言葉がピッタリ当てはまるようなあの場所を、テラスやベランダと勘《かん》ちがいして下手《へた》な夢をみられちゃ困《こま》るということだ。

人生は希望と失望の繰《く》り返しだ。夢を描《えが》いてわくわくしても、なんだこんなもんかと諦《あきら》めたり妥協《だきょう》したり、力が脱《ぬ》けたりする場合がいっぱいある。でも、そこでガックリしたまま途方《とほう》に暮《く》れっぱなしではいけない。途方に暮れてたって単に時間がムダになるだけだ。ガックリしたらすぐに「さて次はどうしよう」と考える時こそ自分の成長するチャンスなのだ。「そんなこと言ったって、ガックリしちゃってるんだからもう何もする気がしないよ」などと弱音を吐《は》くもんじゃない。

物干し場が限界《げんかい》なら、一階の奥《おく》のじいさんと婆さんの部屋《へや》の横にある、日当たりの悪い空間を私の庭にしようと考えた。この空間はほんの四畳半程《ほど》のスペースを横長にしたような地面で、周り全《すべ》てが隣家《りんか》に囲まれており、全く日が当たらずじめじめしており、何の使用目的もなかった。時折ヒロシが店で使うタライや木の箱などを適当《てきとう》に置く場所として地味に利用しており、隅《すみ》の方にナンテンの木が一本ヒョロリと生えていた。とてもじゃないけど庭として活用できる条件《じょうけん》はひとつもないと思われた。でも私はなんとかしてこの空間を庭にしたいと思ったのだ。

普段《ふだん》なら全く出入りしないじいさんと婆さんの部屋へ、私は頻繁《ひんぱん》に通うようになった。庭をどうするか、ちょくちょく下見に行って構想《こうそう》を練《ね》っていたのである。

この劣悪《れつあく》な条件下では、まず洋風の庭はムリだ。イスやテーブルは断念《だんねん》しなければならない。となれば和風の庭という方向で考えるしかない。和風なら、日当たりが悪くても狭《せま》くても、それなりの趣《おもむき》がでるだろう、よし、和風に決定だ。と勝手に和風の庭を作る決意を固めじいさんと婆さんの部屋を出た。

あのナンテンの木の下に、小さい池を作ったらいいんじゃないか、このアイディアには自分でもポンと膝《ひざ》を打った。ナンテンの木の下に池を掘《ほ》り、ちょっと大きめの石を置き、そのまわりに二〜三個《こ》盆栽を置いたらもう立派《りっぱ》な和風の坪庭《つぼにわ》の完成だ。

私はどうしてこんなにいいアイディアが次々思いつくんだろうと我《われ》ながら感心し、早速「池を掘りたいから手伝《てつだ》って」とヒロシに告げた。ヒロシは「池ェ!?」とひと声叫《さけ》び、そのあと「どこに?」と池を掘る場所を尋《たず》ねてきたので裏《うら》の空間だと教えてやった。

今の話、まったくきかなかったぞオレは、という様子でヒロシはタバコを吸《す》いながら新聞を読み始めたので私は「ちょっと、池を掘るから手伝ってって言ってるでしょっ」とノリの悪いオヤジに追い打ちをかけて言った。

するとヒロシは「バーカ。あんなところに池なんてできるわけねーじゃん」と言い、そのままタバコを吸い新聞を読む態勢《たいせい》に入ったので私は頭にきてヒロシの尻《しり》をピシャッと打った。尻を打たれてもヒロシは全く動じず、痛《いた》くもかゆくもない様子であった。尻にまで神経《しんけい》が通ってないとしか思えない。

もうヒロシなんかあてにせず自分ひとりで池を掘ろうと思い、なぜか知らぬが家にあった古いクワを持って裏の空間へ直行した。私がクワを持ってじいさんと婆さんの部屋から外に出ようとすると、じいさんと婆さんは驚《おどろ》いて「何をするつもりだ」とか何とか言っていたが知るもんか。私はここを自分の第二の趣味の場とするために必死なのだ。この情熱《じょうねつ》を誰《だれ》も止められまい。

一心不乱《いっしんふらん》にクワを振《ふ》り、やっと深さ二十センチ、直径六十センチ程の穴《あな》ができた。この穴にビニールを敷き、まわりに石をおいてビニールをおさえ、水を入れれば池の完成だ。

私は店からビニールの大きなゴミ袋《ぶくろ》をひとつ持ってきて穴の中に敷き、まわりを石でおさえるために石を拾いに行った。近所の寺に行って石を拾って帰ってくる頃には夕方になっていた。

夕方遅《おそ》く、池は完成した。私は、何かをやり遂《と》げた充実感《じゅうじつかん》を味わい、「明日《あした》はこの池の中に金魚を入れよう。そして盆栽を添《そ》えよう」と思い非常《ひじょう》にわくわくした。

翌日《よくじつ》、学校から帰りすぐにまた池のつづきにとりかかった。池に金魚を入れ、盆栽を置き、水辺におじぎ草を植えた。

なんと風情《ふぜい》のあるものができたことか。私は感動した。この、単なる湿気《しっけ》の多い薄暗《うすぐら》いタライ置き場が、この私の努力によりこんな素晴《すば》らしい日本情緒《じょうちょ》をかもし出す坪庭になるなんて、知恵《ちえ》と労力を駆使《くし》して本当によかった。やればできる、昔から使い古されてきたこの言葉を今こそ心に刻《きざ》み、今後も折りにふれては思い出すようにしよう。

そのような事柄《ことがら》をつらつらと思いつつ、私はじいさんと婆さんの部屋の窓から庭を見た。こうして一歩下がった所から眺《なが》めるのも良い。池の中に赤い金魚の姿《すがた》がチラリチラリとナンテンの葉陰《はかげ》から見える味わい深い風景に、ついつい時の経《た》つのを忘《わす》れてしまう。

ところが、三日目から池の金魚が相次いで死に、気持ちわるくて仕方がないという状況《じょうきょう》になった。私はヒロシに頼《たの》んで死んだ金魚を次々と池から出してその辺に埋《う》めてもらい、池には何もいなくなった。

やれやれ、酸素《さんそ》不足だったのかな、それじゃ今度はメダカでも入れてみるかと思っていた矢先、じいさんが庭に小便用の桶《おけ》を置き、そこで小便をし始めたのでこれにはたまげてすぐにやめろと訴《うった》えたがじいさんはきかずに「これからずっとここで小便をするぞ」と言い張った。

なんてことするんだこのクソじじい、いや小便じじい、と心の中で叫んで泣いた。もう坪庭はおしまいである。まさかこんなバカらしい形で幕《まく》を閉《と》じようとは、死んだ金魚も無念で死にきれぬというものだ。

数日後、池に水が貯《た》まっているとボーフラがわいてしょうがないと言いながら婆さんが池を埋めていた。池のほとりに植え込んだ、おじぎ草がおじぎをしっぱなしになっており必要以上に哀愁《あいしゅう》が漂《ただよ》っていた。

あれから二十数年が経ち、現在《げんざい》私はまだ懲《こ》りずにガーデニングに力を注《そそ》いでいる。あのころ、欲しくてたまらなかったイスとテーブルも置いた。しかしこうしてイスとテーブルを置いてみても、別にこれを使って何をするわけでもなく、自分以外に誰も庭へなど出ないしたいして面白いものでもないことに気がついた。

とりあえず、夏になったらこの庭でバーベキューでもやろうかな、と思ったりもしたがイスとテーブルを置いてしまったためにもうバーベキューなどやるスペースはない。

なんの利用価値《かち》もない庭、それが今の私のガーデニングの状況だ。

バレンタインデーのこと

バレンタインデーのことを初めて知ったのは小学校五年生の冬だった。それまで、そんな日があることも知らず、二月の行事といえば建国記念日とたまにうるう年でいつもより一日多い時があるんだよなとしか思っていなかった。この状態《じょうたい》は、小学五年の女子にしては呑気者《のんきもの》だったといえる。他《ほか》の女子は当然もっと幼《おさな》い頃《ころ》からバレンタインデーがどういう日かという事ぐらい知っていたし、雑誌《ざっし》や漫画《まんが》などからもそれに関する情報《じょうほう》はたやすく得られたはずであった。なのに私ときたらこのていたらくだ。「バレンタインデー？　は？　それ何？」というすっとんきょうな様子で友人にそれを一から説明させ、説明をききおわったとたん「なんて都合のいい日が男子には用意されているんだろう」と遅《おく》ればせながら驚《おどろ》いた。私の大好物のチョコレートをもらえるなんて、いいよなー、とうらやましくさえ感じた。

気がつけば、街のいたるところにバレンタインがどうのこうのとハートと共に書かれているではないか。クリスマス並《な》みに目立つこの行事を、全然気づかず毎年のほほんと過《す》ごしていたなんて、ちょっと恥《は》ずかしいんじゃございませんかお嬢《じょう》ちゃん、というかんじである。

しかしながら、そんな行事がありますよと知らされたところで別に自分には関係のないことであった。前回のエッセイでも書いたとおり、私は好きな男子に好きですよなどと絶対《ぜったい》に言えないタイプなのだ。「好きですよ」と言えない人のためにバレンタインデーはあるという話もきいたが、そんなことも私にはできない。チョコを握《にぎ》りしめたまま渡《わた》せずに溶《と》けたチョコでベタベタになった手を虚《むな》しく洗《あら》って手ぬぐいでふく姿《すがた》が容易《ようい》に想像《そうぞう》できる。

私はそれ以外の度胸《どきょう》ならあるのだ。好きでもない男子なら三人ぐらいまとめてやっつけてやろうじゃないかという勇気はいつでも持ち合わせていた。友人が男子に泣《な》かされたりしようものならすぐに駆《か》けつけ、「あんたちょっとふざけたマネするんじゃないよ」とビビる男子をとっつかまえて「ごめん」と言うまでケンカするのも平気だった。身内以外の人前では決して泣かなかったし、クラスの大半を敵《てき》にまわしても自分が納得《なっとく》できなければ「違《ちが》う」と言い張《は》った。つまり硬派《こうは》だったのだ。だから恋愛沙汰《れんあいざた》のこととなるとてんでダメだったのである。チャラチャラと、好いたホレたなどとたわけた事をぬかして、男子なんかにチョコをあげるなんて、そんなみっともないこと私にできるかよ、とまァこんな気持ちもあったわけだ。

そんな硬派な私をよそに、周りの女子は大変に盛《も》り上がっていた。○○さんが○○君の名前入りのチョコを買ったらしいとか、○○さんは○○君のために千円もするチョコを買ったらしいとか、いろんなウワサがとびかった。

硬派の側からすれば、バレンタインがらみの一連のバカ騒《さわ》ぎは愚《おろ》かしいの一《ひと》言《こと》に尽《つ》きる。小学生のくせに、愛だの恋《こい》だのと言っているヒマがあったらさっさと宿題でもしろと、親に代わって言ってやりたいが自分も親から今のセリフをそのまま言われる身なので言えやしない。なので友人などから「ももちゃんも、誰《だれ》かにチョコをあげるの？」ときかれても、余計《よけい》な説教をせずに黙《だま》って首を横に振《ふ》るだけにしていた。

バレンタインの当日は、絶対に何ももらえそうもない風貌《ふうぼう》の男子までがやけに色めきたち、絶対にフラれそうな風貌の女子までがチョコを胸《むね》にしてやはり色めきたっていた。子供《こども》だというのに、なんか気持ちの悪い熱気でムンムンだ。スカンク同士《どうし》なら一発屁《へ》をこき、クジャクなら羽を広げて変なダンスを踊《おど》ったりし、鈴虫《すずむし》ならリンリンとやかましく鳴くのがこんな状況《じょうきょう》なのだろう。

休み時間になるたびに、ろうかでは多数の女子がウロウロしていた。男子たちは教室でソワソワし、チョコをもらった男子だけがニヤニヤしていた。どんなブスからでも、どんなバカな女からでも、とにかくもらえばうれしいらしい。硬派な私からすれば、つきあう気もない女子からのチョコなど、うれしそうにもらったりしたら誤解《ごかい》を招《まね》くからキッパリ断《こと》わるべきだと思っていたが、そんな硬派な男子などひとりも見当たらなかった。

放課後もけっこう盛り上がっていたが、私は用事がないのでサッサと帰ることにした。寒いので急ぎ足で歩いていたところ、後方から誰かが走ってくる足音がきこえてきたが振り向かずに歩き進んでいた。するとやがてその足音は私北風の中、ひとり硬派をつらぬき帰るわたし。
このあと下級生によびとめられてハッとする。

のすぐ近くまで来て止まり、「お姉《ねえ》さんっ」という声がしたので振り向くと、そこにはいつも私が面倒《めんどう》をみている下級生の女の子が立っていた。そして「これ」と言って私の手にチョコレートを持たせると、彼女《かのじょ》は再《ふた》び今来た道を逆方向《ぎゃくほうこう》に走り去っていった。

　これにはさすがに硬派な私もちょっと呆然《ぼうぜん》とした。突然《とつぜん》だったせいもあるし、女の私がもらうなんて…という気持ちもあった。別に、下級生の女の子は私に恋心を抱《いだ》いていたわけではなく、いつも面倒みてくれてありがとうという感謝《かんしゃ》の気持ちでくれたのだと思うが、それにしてもビックリした。

家に帰って家族にチョコをもらった事を告げると、それはすぐに何かお返しをした方が良いという話になった。それで私はすぐにお返しにあげる物を買いに行ったわけだが、買い物に行った先でも「…なんで女の私がチョコのお返しを物色しているんだろう…」という妙《みょう》な気持ちになった。私は女なのに男にチョコをやらず、女子からチョコをもらいうろたえ、お返しを考えているというこの現実《げんじつ》。話にきいていたバレンタインデーとは関係ない状況が今、自分の人生の中で展開《てんかい》されている。

こんなふうに、思いがけない展開になることがこれからの人生でもいっぱいあるのだ。新しい展開になるたびに、その都度ベストを尽くしてゆこうと私は思っている。たとえ結果が見えなくても、新しい展開になった時には潔《いさぎよ》くそれを受け入れベストを尽くすしかない。思いがけないなりゆきの繰《く》り返しの中でいろんな事を学んでゆくのが生きる意味かなとも思う。

私はベストを尽くしてチョコのお返しにキティちゃんだかパティちゃんのハンカチを選び、彼女に渡した。下級生の女の子は、うれしそうなカオをしたのでベストを尽くしたかいがあったというわけだ。

その夜、ヒロシが酒を飲みながら「今日《きょう》はバレンなんだかっていう日だってな」と言うので私が「バレンタインデーでしょ」と言うと、ヒロシは「そうそう。男がチョコレートをもらえるらしいな」と言うのでまた私が「うん、そうだよ。でもおとうさんは甘《あま》い物がキライだから、いらないでしょ」と言った。するとヒロシは「そうだな。オイラはチョコはいらねぇから、酒か金をくれ」と言ったので、私と姉と母から一斉《いっせい》に「図々《ずうずう》しいっ!!」と一喝《いっかつ》され、ついでに足が臭《くさ》いからこたつに入る前に足を洗《あら》えだとか醤油《しょうゆ》のビンのフタをしっかり閉《し》めろとか、色々な文句《もんく》を言われるはめに陥《おちい》った。バレンタインデーに縁《えん》のない男が、女に向かって余計なことを言うとつまらない目にあうという愚例《ぐれい》である。

目立つ少年と地味な少女

Jリーグの選手の長谷川健太《はせがわけんた》君は、私達《たち》同級生の間でも小さい頃《ころ》からサッカーがうまいことで有名だった。ケンタといえばサッカーだったしサッカーといえばケンタだ。朝早くから朝練《あされん》でサッカーをやっていたし、休み時間もサッカーをやっていたし、そうじの時間もうっかりすれば雑巾《ぞうきん》をけったりしていたし、もちろん放課後もサッカーをやっていた。

清水市《しみず》はなぜかサッカーが盛《さか》んだったので、サッカーをやっている子供《こども》は多かったのだが、ケンタは断《だん》トツにうまかった。誰《だれ》もが漠然《ばくぜん》と〝ケンタは将来《しょうらい》、サッカーの選手になるんだろうなァ〟と思っていたし、たぶん彼《かれ》自身もそう思っていたと思う。

私も、漫画《まんが》を描《か》くのが好きだったので朝から晩《ばん》までヒマさえあれば漫画の絵を描いていた。早朝は遅刻《ちこく》ギリギリまで寝《ね》ていたが、学校に着けば一時間目の授業《じゅぎょう》中から漫画を描いていた。当然、二時間目三時間目と漫画の練習に時間を費《つい》やし、休み時間も漫画、午後の授業も漫画、放課後も自宅《じたく》や友人の家に行って漫画を描くということをしていた。数名の友人の間では漠然《ばくぜん》と〝もちゃんは、もしかしたら将来漫画家になりたいのかもしれないけれど、たぶんムリだろうなァ〟と思われていたし、自分自身も〝私は将来、漫画家になれればいいけど、たぶんムリだろうなァ〟と思っていた。

当然のごとく、ケンタは体育もバッチリよくできていた。走れば速いしとび箱も高く積んでもホイホイとぶし、サッカーと関係ないのに水泳もスイスイ泳げていたと思う。活動的なことは全般《ぜんぱん》にわたり彼は得意だったのだ。

私は体育はまるっきりできなかった。速く走るというのだけは比較的《ひかくてき》できる方だったがそれ以外は全般にわたりてんでダメだった。とび箱には体ごとブチあたり箱をくずし、マット運動ではマットのない方向へメチャクチャに転がり、水泳もとび込《こ》みの際《さい》に必ず腹《はら》打《う》ちをし、バスケットボールやバレーボールなどの球技《きゅうぎ》ではチームのメンバー全員に大迷惑《だいめいわく》をかけ、高飛《たかと》びの棒《ぼう》も何本か折り、うさぎ飛びでも途中《とちゅう》でへこたれてグランドに崩《くず》れ、ハードル走では次々とハードルをけとばしながら進んでゆくという有様《ありさま》だった。

でも私はそれでいいのだ。だって、将来なりたいものが漫画家なのだから、どんなに体育ができなくても関係あるまい。漫画家になるためには、常《つね》に漫画の絵の練習をし、じっくりたくさんの漫画を読み、あとは余計《よけい》なことをせずにおとなしく気楽にすごしていればよい。

毎日がんばっているケンタはえらいなー、と時々思うこともあった。ケンタはサッカー以外にも、わりと勉強もできたし、ハキハキしていて学級委員になることもあった。また性格《せいかく》も朗《ほが》らかで明るく、ちょっとお調子者なところもあったのでクラスの人気者だった。女子からも人気があるようだったし、Jリーグの選手になる子供は小さい頃から違《ちが》うものなのだ。

ケンタのことを時々えらいなァとは思うものの、別にそれが自分自身に反映《はんえい》されることは何もなかった。よし、ケンタを見習って、少しは活発になろうとか、私もハキハキして学級委員になろうとか、クラスの人気者になろうとか、そういう積極的な思いつきは全く起こらなかった。

母は時折「長谷川君はえらいね。朝早くからサッカーの練習をしているし、放課後も練習をしているんでしょ。参観会の時も手を挙げて発表するし学級委員もやってるじゃん。あんたなんて、長谷川君のしてることひとつもやってないじゃない。情《なさけ》ないと思わないのかね。ひとつぐらいマネしてやってみな」等《など》と言うことがあったが、私はひとつもマネをしてやってみる気はなかった。朝からサッカーなどやりたくないし放課後もやりたくないし参観会の時に手を挙げて発表するなんてそんなめっそうもないこと絶対《ぜったい》やりたくないし、学級委員をやるほど人望もない。これを情ないことだとも思わないし反省する気も全くない。

ケンタはケンタで私は私なのだ。いくらお母《かあ》さんが望《のぞ》んでも私は自分自身の中に無理をしてまで他人の要素《ようそ》を取り入れることはできない。私が早朝にサッカーの練習をしても別にケンタになるわけじゃないし、利口になるわけでもない。

ケンタはサッカーが好きなのだ。一方私は漫画が好きだ。私もケンタも同じように好きなことに時間を費やしているというのに、ケンタはほめられて私は怒《おこ》られるなんて、筋違《すじ》いか或《ある》いは勘違《かん》いのどちらかとしか言いようがない。

確《たし》かに、漫画好きというのはサッカー好きより地味だ。そして体力作りも兼《か》ねているサッカーに比《くら》べ、これといって何の得《とく》もないような行為《こうい》に思われがちだ。そのうえ、朝早くキチンと起きて自主的に朝練に臨《のぞ》むサッカーに比べ、夜遅《おそ》くまで漫画を読んだり描いたりしていると朝起きるのがどうしても辛《つら》くなり起き上がることができず親の手をわずらわせることにもなる。更《さら》に、性格的にもスポーツをやって汗《あせ》を流してさわやかな毎日を送っている者より、下向き加《か》減《げん》な姿勢《しせい》ばっかりとっている漫画好きはなんとなくおとなしめの内向的な性格になっているかもしれない。

こうしてひとつひとつ考えてゆくと、漫画好きな者はかなり不利な立場に追い込まれている。〝好きなことをしている〟という中心にある志《こころざし》はサッカー好きと同じものであるにもかかわらず、不利な立場になるなんてこんなことではいかんではないか。

今こそ、私はここでキッチリ漫画好きのメリットを主張《しゅちょう》することにしよう。漫画を読むということは、体の運動ではなく心の運動なのだ。楽しい絵やキャラクター達のしゃべるセリフにより、心がどんどん広がってゆく。冒険《ぼうけん》をしたり、すてきな恋愛《れんあい》をしたり、なんか知らんけどやたら感動したり、ビジュアルと共に自分のペースで無理なく心を運動させることができる素晴《すば》らしいもの、それが漫画だ。

私はそういうものを描く人になりたいと思っていた。面白くて楽しくて、笑っちゃって泣《な》ける時もあるような、そんな漫画を描けたらいいなァと思っていた。もしも自分の描いた漫画を、たくさんの人が読んでくれるなんていうことになったら、どんなにうれしいものだろう、とそんなことを授業中や風呂《ふろ》に入っている時など、所かまわず夢《ゆめ》みていた。

確かに、行為は地味だったかもしれない。漫画から得た感動や知識《ちしき》やその他多くのものを、学校の成績《せいせき》や普段《ふだん》の生活の中にあからさまに生かせるものでもなかったかもしれない。でも、私自身の中には間違《まちが》いなく漫画により作られてきたものがある。そしてそれは決してくだらないものではない。

今でこそ、私はこんなにも漫画の長所を力説することができるが、当時はこんなにうまいことを言えなかったために漫画を読むたびに叱《しか》られていた。叱られても叱られてもめげず漫画を読み続けたが、「そんなに漫画ばっかり読んでいると、あんた本当にバカになるよ」と言われた時にはハッとして〝ホントにバカになるかもな…〟と少々不安になることもあった。

また、私が漫画の絵ばかり描いている時には母が「あんたねぇ、漫画の絵ばっかり描いてりゃ漫画家になれると思ったら大まちがいだよ。漫画家なんてねぇ、そう簡単《かんたん》になれるもんじゃないんだからね。手塚治虫《てづかおさむ》はねぇ、あんた、医学博士なんだよ。どんだけ勉強したかと思うよ。そのぐらいいっぱい勉強をして、いろんなたくさんの知識がなけりゃ、漫画家にはなれないんだよ。話も考えなけりゃならないんだから、あらゆる勉強をしておかないとね」と必ず手塚治虫先生をひきあいに出して私を脅《おどか》した。

これはかなり効果《こうか》があり、私はそれを言われるたびに「…そうかァ。漫画家って、相当勉強しなきゃなれないのか…。医学博士だもんな。わたし、そんなに勉強しなくちゃならないのなら、やっぱり漫画家になるなんて、ムリなのかもなー……」と弱気になった。

漫画の神様と言われる手塚先生が医学博士だったことは、現在《げんざい》漫画家として働いている者達にとっては実に有難《ありがた》いことである。神様が立派《りっぱ》だったおかげで、漫画家全体の評価《ひょうか》がぐんと上がっていると思われる。実際《じっさい》、少なくとも私の親と私はその昔、漫画家は全員手塚先生に並《なら》んで知識豊富《ほうふ》な頭の良い人ばっかりだと思い込んでいたし、まわりの友人達もそう思っていた者が多かった。これが、医学博士ではなくとんだすっとこどっこいが漫画の神様になっていたら漫画家の格《かく》はかなり下がっていたと思う。「漫画家です」と言ったとたん、みんなの笑いを誘《さそ》うようなかんじにならずに済《す》んだのも手塚先生が医学博士になるほど勉強して下さったおかげだ。

ケンタは小学校五年生の夏休み、清水市の少年サッカーチームの中から数人選ばれてブラジルにサッカーの見学に行った。サッカーがうまくてブラジルに見学に行ける子供などめったにいなかったから、私達クラスメイトは大いにケンタを尊敬《そんけい》したものだ。「あいつ、子供のくせにブラジルまで行くなんて、すごいよなー」と皆《みな》言っていた。みんな、ブラジルなんて一体地球のどの辺にあるのかさえよくわからない状態《じょうたい》だったのに、そんなどこにあるのかわからない国に行くケンタはたいしたものだとしきりに感心しまくった。

同じ日数の夏休みを与《あた》えられているのに、ブラジルで豊《ゆた》かな体験をしているであろうケンタとは全く違う過《す》ごし方をしているんだよな、私はさァ…と思いながら漫画を読んでダラダラと夏休みは過ぎていった。夏休みの途中《とちゅう》の登校日にはケンタの姿《すがた》がみえなかったので皆改めてケンタがブラジルに行っていることを実感し、「あいつ、ホントにブラジル行ってんだよなー」と遠くの空に目をやったりした。「ブラジルって、どういう所なんだろうね」と誰かが言うと「サボテンとかはえてるんじゃねえか」と誰かが言った。そうかもなァと私も思ったが誰かが「ちがうよ、サボテンはメキシコじゃん」と言ったので、ああそうだそうだサボテンはメキシコだ、とあわてて心の中で訂正《ていせい》をした。

夏休みがおわり、ケンタはブラジルから元気に帰ってきた。新学期の初日の朝の会で、ケンタは教室の前に立ち大きな声で「みんな、ボクはブラジルに行ってきましたっ。これはみんなへのおみやげですっ」と言って袋《ふくろ》の中にいっぱいアメだったか何だったか忘《わす》れたが何かお菓子《かし》を持ってきて全員に一個《こ》ずつ配ってくれた。そのお菓子がおいしかったかまずかったかという細かい記憶《きおく》も忘れたが、とにかく遠いブラジルからケンタがわざわざ持って帰ってきたものだと思うと有難いもんだよなァ

という気持ちで食べた覚《おぼ》えがある。

中学からはケンタと違う学校に通ったため彼がどのように過ごしていたかは全くわからなかったが、時折あいかわらず元気にサッカーをやっているらしいというウワサをきいた。

私もますます漫画を読んでいた。中学の頃は少年チャンピオンと少年ジャンプに夢中《むちゅう》になっており、りぼんを買うお金が足りずに友人に毎月かしてもらっていた。どうしても付録が欲《ほ》しいときは少年チャンピオンもジャンプも買わずに近所のラーメン屋で読んだり本屋で立ち読みをしたりして、りぼんを買うお金にまわすという工夫をしていた。

勉強をするふりをして夜中漫画を練習していたので中学三年間でかなり腕《うで》が上がった。高校に入り、さてと本気で漫画家を目指して投稿《とうこう》でもしてみようかなと思っていた頃、ケンタは高校サッカーの日本一を決める試合にでて大活躍《だいかつやく》して チームを優勝《ゆうしょう》に導《みちび》いた。

優勝チームのメンバーのインタビューで、TVにうつっているケンタは小学生の時の面影《おもかげ》を残しながらもたくましく成長していた。ブラジルからお菓子を持ってきたケンタが、あのまま変わらずサッカーをやり、一歩一歩自分自身の夢に向かって進んでいるんだなァと思うと〝私だって同じじゃないか、あの日ケンタがブラジルから持ってきたお菓子をもらった時と変わらず漫画を好み、漫画を読んで描いているのだからがんばろう〟と力が湧《わ》いてくるのを感じた。

その後、ケンタはみんなの予想通りサッカー選手になり、私はみんなの予想に意外な驚《おどろ》きを与えながらも無事漫画家になった。目立つ輝《かがや》かしい少年の夢も、目立たない地味な少女の夢も、一途《いちず》に追っていればどうにかなるかもしれないという一例である。

さらにその後、同級生のクラスメイトだった平岡《ひらおか》君が放送作家になりTVやラジオの仕事をしているというので二十数年ぶりに会い、「まさかこんな歳《とし》になって、東京で仕事がらみで会うとはねー」とお互《たが》いに言い合った。

平岡君は昔〝ひらば〟というあだ名で呼《よ》ばれており、私は今でも彼をひらばと呼び続けている。ひらばは子供の頃、一度も放送作家になりたいなどと考えたこともなく、そんな職業《しょくぎょう》があることも知らなかったと語る。彼も私と同じく地味めのたいして目立たない男子であり、だからといって別にクラスの者に害を与えるわけでもなく、平凡《へいぼん》な子供として過ごしていた。

ひらばの話によれば「ケンタに一度会ったんだけど、あいつ、オレのことぜんぜん覚えてなかったよ。そんで、おまえのこともぜんぜん覚えてないって言ってたよ」ということであった。

私は、ケンタがブラジルからお菓子を持って帰ってきたということまで覚えていたのに、むこうはぜんぜん覚えてないなんて、いくら地味だったとはいえちょっとあんたねぇ、という気持ちであった。まァ、私だけでなく、ひらばのこともぜんぜん覚えてないということなので、それなら平等だからいいやという気もした。

ひらばは「あいつ、ヘディングとかばっかりやってるから、オレ達のこと忘れちゃったのかもな」と言ったが、ケンタの忘れた原因《げんいん》はヘディングではなく我々《われわれ》がまことに目立たなかった存在《そんざい》であることをしっかり認《みと》めるべきであろう。

おとうさんのタバコ

私は大の愛煙家《あいえんか》だ。朝起きてまずタバコを吸《す》い、昼間から夕方まで仕事をしている間もずっと吸い、夜眠《ねむ》る直前までタバコを吸う。

二十一歳《さい》の時から吸い始めたので、もう十二年間も吸い続けているが一度もやめようと思ったことはない。よく、タバコは〝百害あって一利なし〟などとひどい言われ方をしているがタバコを愛する者にとってこの言われ方は心外である。こっちは一利も二利もあるからこんなに好んで吸っているのだ。

まずタバコは、ホッとした気持ちにさせてくれる。どんなにカンカンに頭にきていてもイライラしていてもシュッと火をつけ口にくわえたとたんホッとする。こんなに手軽にホッとさせてくれるものなど他《ほか》にない。これは充分《じゅうぶん》一利といえる。

そしてタバコは、何もすることがない時など、カッコ良く間《ま》をもたせてくれる。たとえば、人を待っている時など、ただボケッと待っているよりシュッと火をつけてタバコをくわえたとたん、単なるヒマ人が〝タバコを吸う人〟に変身するのだ。何もしていない人から何かしている人に簡単《かんたん》に移行《いこう》できるなんて、間がもたない時には大変に有難《ありがた》いものだ。これで二利。もう一利なしとは言わせない。

他にも、私はタバコの煙《けむり》を見るのが好きだ。電燈《でんとう》の下で煙がゆっくり白く揺《ゆ》れながら立ちのぼってゆく姿《すがた》は美しい。私は、目をつぶっていてもタバコの煙の姿はかなり正確《せいかく》に思い浮《う》かべることができる。〝見る価値《かち》のある煙〟私はこれも利とするのでこれで三利だ。

そして肝心《かんじん》なことは、タバコが私に健康をもたらしてくれているという点である。私はわりかし強いタバコを吸っているので、みんなから「ももこさん、そんな強いタバコを吸っていると健康にわるいですよ」と言われるが、強いタバコをガンガン吸っているからこそ、吸っていない人の二十倍ぐらい健康に気をつけ、日夜健康の研究にとり組んでいる。

そのため、タバコを吸っていなかった頃《ころ》より何倍も健康になり、健康診断《しんだん》をやっても毎回異常《いじょう》なしだし、今年《ことし》などインフルエンザにかかってもひと晩《ばん》で治《なお》った。ほぼ毎日ものすごく元気で子供《こども》のように活発に動いており、速足で歩いても息切れもせず、自分で言うのもなんだがとても三十三歳の子持ちとは思えない身軽さだ。これもタバコのおかげだ。タバコは私に健康の大切さを考えさせ、吸うからにはまず健康を確保《かくほ》しろということに気づかせてくれた。

私はタバコが本気で好きなのだ。吸うためには健康であり続けるための努力を惜《お》しまない。健康のことを何も考えないでやたらと吸って体をこわすのなら吸わない方がいい。〝健康はタバコから〟と私のように胸《むね》を張《は》って言える者こそ真の愛煙家なのだ。私はそう思う。

しかし、うちのヒロシは何も考えずに何十年も前からタバコを吸っている。健康のことどころか他のこともいつも何も考えていない男だが、幸いなことに全く健康だし毎日元気だ。

ヒロシは、昔からいつでもどこでもタバコを吸っていた。店番をしながらも吸っていたし、食事の時も吸っていたし、茶の間でＴＶをみる時も酒を飲む時も吸っていた。

私も子供の頃はヒロシのタバコの煙に関してはよく文句《もんく》を言っていた。

「ちょっとおとうさん、けむったいよ。タバコよしてよ」とか何とか言って怒《おこ》ってもヒロシは「おう、そうか。けむったいか」と言うだけで全くタバコの火を消そうとはせず吸い続けていた。

姉も、よく怒っていた。あっちに行って吸えとか、家族の迷惑《めいわく》だとか、ちょくちょく言っているのをきいた。でもヒロシは別に平気で吸い続けていた。

「なんでそんなもん吸うの？　なんかいいことあるわけ？」とタバコの利点をヒロシに問い詰《つ》めたこともある。今の私ならタバコの利点も先程《さきほど》述《の》べたようにうまく言えるが、何しろヒロシじゃあ何も言えまい。何も考えずに吸っているのだからやはりその時も答えられず「タバコってもんはなァ、別にいいとかそういうもんじゃなくてな、ただ吸いてぇとやたらと思って吸うもんなんだコレが」と言ったので私はますますヒロシの気持ちがわからなくなった。別にいいもんじゃないのに、なんで吸いたいと思うんだろう。しかもやたらと。

何も考えてない男
男は黙《だま》って
ハイライトって
かんじだねえ

そんなふうに、ヒロシの気持ちはナゾだったし、煙も迷惑だったが、それでも私の心の中には、タバコを吸ってるおとうさんが好きだという気持ちもあった。ヒロシはハイライトを吸っていた。いつも彼《かれ》のそばには必ずハイライトの水色の箱がおいてあり、ハイライトの水色は私にとっておとうさんの色だった。ハイライトを吸っているおとうさんはちょっとだけカッコ良く見えることもあった。〝男は黙《だま》ってハイライト〟という感じにぴったりな気がした。単に何も考えてないうえに口下手《くちべた》な

ので黙ってハイライトを吸っているだけのヒロシなのだが、そんなヒロシの欠点も、見方を変えればイメージにピッタリのハイライト野郎《やろう》としてカッコ良く見えたりもしたのだ。

毎年、父の日にはタバコがらみの物をあげていた。百円ライター一個《こ》で済《す》ませた年もあれば百円ライターとハイライト一箱をあげた年もある。小学校三年生の時は「よし、今年は灰皿《はいざら》でもやるか」と思い、近所のギフトショップへ買いに行った。

その店で、〝水が流せる灰皿〟というのを見つけた。その灰皿はバスタブの形をしており、バスタブの横に小さなタンクがついていて、このタンクの中に水を入れ、タバコの灰や吸いがらをバスタブの中に捨《す》てたあとタンクの上についているゴム栓《せん》を押《お》すと水が出てくる仕組みになっていた。

簡単な仕組みなのだが当時は非常《ひじょう》に立派《りっぱ》な仕組みに思えた。こんな物を考えた人は何て頭がいいんだろうと深く感心した。こんなに素晴《すば》らしい仕組みの灰皿が、四百円前後だなんて、べらぼうに安いんじゃないかと思った。

これはお買い得《どく》だと思い、すぐにそれに決めて買った。どう考えてもこの素晴らしい仕組みの灰皿は、二千円ぐらいの物に見える。バスタブの形の灰皿というだけでもしゃれているのに、隣《となり》にタンクがついていて本当に水を入れられるなんて信じられない。これをあんな金額《きんがく》で売るなんて、この灰皿を作っている会社はもとが取れるのだろうか、と大きなお世話な心配まで感じた。

家に帰り、まだ父の日ではなかったが今すぐコレをヒロシにあげたくて胸がうずいた。本当なら、やはり父の日にあげた方が若干《じゃっかん》感動が大きいかもしれない。でも、まァ今日あげたって別にいいじゃないかという気もする。父の日にあげようが違《ちが》う日にあげようが、ヒロシの感動の誤差《ごさ》などほとんど変わりゃしないだろう。

そう思い、もうあげることにした。私は、店番しているヒロシをわざわざ呼《よ》び出し「おとうさん、ちょっと早いけど父の日のプレゼントだよ。はい、これ」と言ってリボンのついている包《つつ》みを渡《わた》した。ヒロシは「おう、そうか」と言って包みをうけとりその場で開けた。そして中身を見て「お、これは何だ？」と言うので私は自慢気《じまんげ》に「これは、水の出る灰皿だよ。このタンクの中に水を入れて、タバコの吸いがらの火を消すんだ」と説明した。

ヒロシは「へー、すげぇな」と例の決まり文句を発し、じゃあ早速《さっそく》やってみようということになった。母もやって来て「それ何？」と尋《たず》ねるので私は先程と同じ説明をし、みんなで水の出るところを見ることにした。

ヒロシがタバコに火をつけ、一服したあとバスタブに吸いがらを入れた。水を入れたタンクのゴム栓を押してみる。

出た。タンクから水がチョロチョロと流れ、タバコの火は音をたてて消えた。私達《たち》はパアァと笑顔になり「おとうさん、ももこにいい物をもらったね。これでタバコの火の始末も安心だね」と母が言うとヒロシも「おう。これで安心だな」と言った。私はうれしかった。

母は「ももこ、コレ、高かったんじゃないの？」と言うので私は得意気《とくいげ》に「それがね、なんと四百円ぐらいだったんだよ。ね、そんなに安いなんて思えないでしょう」と言うと、母もヒロシも驚《おどろ》き「それは安いね。こんなにいい物がそんな値段《ねだん》なんて、ももこはいい買い物をしたね」などとまたガヤガヤと大騒《おおさわ》ぎになった。

本当は、値段を言わずに〃高い物をあげたんですよ〃というカオをしていた方が有難みがあったかもしれない。しかし、私はこんな素晴らしい物が実に安かったのだという驚きをみんなに与《あた》えたかったのだ。驚いている様子をみるのがまた楽しいのである。親の驚きの姿を見られたばかりか、ついでに買い物上手とまでほめられ、安かったことを正直に言って良かった。

それからしばらくの間、ヒロシがあの灰皿を使っているのを見かけたが、ある日ヒロシは、「おい、ももこ、この水洗《すいせん》便所の灰皿なァ、ゴム栓がぶっこわれて水が出なくなっちまったから、もう使えねぇや」と言った。

……水洗便所じゃあなくて、バスタブなんだけどなァ……と思った。「…ゴム栓がぶっこわれたんなら、もう使わない方がいいね」とだけ言い、それが便所ではなく風呂《ふろ》だということまでは教えてやらなかった。別に今さらどっちでもいいだろう、と思ったからだ。

紙しばい屋

私は紙しばい屋でかなり浪費《ろうひ》した方だと思う。紙しばい屋を見かけたら必ず吸《す》い寄《よ》せられるようにして行ってしまった。そして、持っているお金を全部その場でつぎ込《こ》んでいた。三十円持っていれば三十円使い、二百円持っていれば二百円、たとえ十円しか無い時でも十円使った。紙しばい屋イコール全財産《ぜんざいさん》だったのだ。

今の若《わか》い読者のために一応《いちおう》紙しばい屋の説明をしておこうと思う。有名な商売なので見たことはなくても御存知《ごぞんじ》の方も多いだろうが、全く知らない方のために一から説明すると、自転車に駄菓子《だがし》をいっぱい積んでついでに紙しばいを積み、子供《こども》の集まる公園や神社に不定期に現《あらわ》れ、紙しばいで人を集めたあと駄菓子やクジなどを売りさばくという商売が紙しばい屋だ。たいてい五十代後半から六十代ぐらいのオッサンがやっていた。たまにそのぐらいの年のおばさんがやっている時もあったが、まず若い人の職業《しょくぎょう》ではないようだった。

やきいも屋やラーメン屋のような屋台《やたい》ではなく、自転車なのも特徴《とくちょう》だ。なんかベルのような物も持っていて、それを鳴らして子供達《たち》に自分が来た事を知らせる合図もあった。

私は紙しばい屋の売っている駄菓子が大好きだった。水あめ、ミルクせんべい、塩こんぶ、あと他《ほか》にももう少しあったかもしれないが忘《わす》れた。そんなに種類は豊富《ほうふ》ではなかった気がする。

私は水あめが一番好きだった。紙しばい屋の水あめは、大きな缶《かん》にべっとりたっぷり入っていて、オッサンが割《わ》りばしを半分に折ったものにぐるりと巻《ま》いて一人前を取り、取った水あめにチョコンとケチャップのような赤いものをくっつけて手渡《てわた》してくれる。

このケチャップのような何か赤いものは、一体何だったのだろう。よくわからないのだ。すごくケチャップに似《に》ているのだが違《ちが》う。ケチャップより甘《あま》く、もう少し明るい赤色をしていた。梅肉でもないと思う。ケチャップに似た何かわからない赤いものとしか言いようがない。この赤いものは水あめの他にも色々に使われていた。ミルクせんべいにもベタッとくっつけてくれたし、ミルクせんべいと水あめによりウサギのカオを作ったやつのウサギの目と口にも使われていた。

なんかわからないが、この赤いものがくっついているとどれもこれも一段《いちだん》とおいしくなるのである。水あめも、この赤いものがついているのとついてないのでは味が全然違う。また、赤いのを先になめてしまわずに、そのままグルグル割りばしを回して練《ね》り上げてゆくと、ただの水あめが美しいピンク色の水あめになるのだ。こうしてピンク色になった水あめがまた最高においしい。

ミルクせんべいも赤いものをくっつけて二枚《まい》くれるのだがやたらとおいしい。たまに、ミルクせんべいに水あめをくっつけたやつを買ったりしたが、これよりミルクせんべいと赤いものだけのシンプルな組み合わせの方がおいしかった。水あめとミルクせんべいなんて、最強の組み合わせなのだからぜいたくすぎる不満なのだが合わせワザにすりゃいいっていうものでもないのだ。

水あめが一本二十円で、ミルクせんべいが十円だったから、このふたつを買っただけで当時三十円のおこづかいだった私の手持ち金は底をつきた。もっともっと欲《ほ》しかった。オッサンの持ってくる水あめの缶ごと買えればいいのにな、と思った。

あの缶ごと買ったらいくらかかるだろう。百本分ぐらいあるから二千円はする。ミルクせんべいも百人前として千円、ケチャップのような赤いやつも千円として合計四千円だ。

初めて計算してみたが、思いのほか安くて驚《おどろ》いた。オッサンにふっかけられて請求《せいきゅう》されたとしても五千円で話はつくだろう。あんなに欲しくて欲しくて腹《はら》いっぱい食べるのが夢《ゆめ》だった物が、しめて五千円とは手が届《とど》かぬ話ではないじゃないか。お年玉をもらったあとなら当時の私でも手が届く。下手《へた》にムダ使いをするぐらいなら、お年玉を全額《ぜんがく》はたいて自転車ごと買って自分が紙しばい屋になればいいのだ。そうすりゃ欲しいだけ水あめもなめられるし赤いものも塗《ぬ》り放題《ほうだい》、ミルクせんべいもうちわがわりに三枚ばかり片手《かたて》に持って顔をあおいだりするのもいい。おこづかいが欲しければそれらを売って稼《かせ》げばいいのだし、いいことだらけではないか。

しかし子供の頃《ころ》はそんなこと思いつかなかった。紙しばい屋の水あめを缶ごと買うなんて、そんなのものすごく見当もつかないほど高いと思っていたし、オッサン以外を丸ごと買おうなんてそんな大それた事考えるわけがない。まさかお年玉をはたけば入手可能《にゅうしゅかのう》だなんて、今の私がさっき計算してみるまでわからなかった事だ。

私が紙しばい屋で浪費する件《けん》については親からたびたび注意をうけていた。たまにならいいが、見かけるたびにお金を使うなんて、ムダすぎると言うのである。

親にとって、紙しばい屋でお金を使うことはムダ使いの中でも最もムダ使いに相当するらしかった。つまりムダ使い中のムダ使いというものだ。駄菓子屋でムダ使いをするよりも、お祭りの屋台で浪費するよりも、一番よく注意されるのが紙しばい屋だった。

なぜそうだったのかと今にして思えば、私が紙しばい屋にハマりすぎていたから親は少し心配だったのだろう。姉は私より全然ハマっていなかった。もちろん彼女《かのじょ》も紙しばい屋は大好きだったが、見かけるたびに金を使ったり水あめを腹いっぱい食べたいとかそんな事も言っていなかった。

紙しばい屋で三百円使った時には怒《おこ》られた。二十円や三十円ならまだ注意で済《す》むが、三百円となると注意では済まないのだ。

私も初めのうちはまさか三百円も使ってしまうとは思わなかった。姉も一緒《いっしょ》だったし、あまり使いすぎて親に告《つ》げ口されてもイヤなので控《ひか》えようと思っていた。

が、控えようと思っていた気持ちはすぐに忘れた。紙しばい屋を見たとたん、「よし、今日は三百円もあるんだから、いつもより思いっきりぜいたくしよう」という気持ちになった。そして本当にぜいたくをした。

次々に水あめやミルクせんべいを買い、いつもならやらないクジや型ヌキも買った。オッサンが客寄《きゃくよ》せのためにやる〝紙しばいクイズ〟にも参加した。このクイズに当たると水あめがもらえるのだが、オッサンははりきって手を挙げ

る子供は無視《むし》していつも絶対《ぜったい》ハズレそうな小さい子供やものすごく頭の悪そうな奴《やつ》ばかりに答えさせ、正解《せいかい》は自分の口から言っていた。オッサン、ずるいよなーと思ったが、別に頭にこなかった。オッサンは私のアイドルなのだ。いくら無愛想でも、ちょっと怖《こわ》い感じでも、自転車がボロくても何でもいいからオッサンに会いたいし会えば手持ちの金をつぎ込む。私はオッサンの追っかけなのだ。

姉は、私が三百円使った事を家に帰ってすぐ親に報告《ほうこく》した。全く余計《よけい》な事を言う姉である。妹が親に叱《しか》られるのをかばうのが本来の姉の役割《やくわり》ではないか。それをわざわざ親に叱られるようにしむけるなんて、私の利発さをねたんでいるとしか思えない。

母が私に「まったくバカだねっ」と言った。姉が近くでバカだと言われた私を見ている。そして姉は「ももこは私が止めたのにぜんぜん言うことをきかなかったんだよ。一緒に帰ろうって言っても、『お姉《ねえ》ちゃんだけ先に帰れば？』とか言っちゃってさ」などと自分の品行方正さをアピールし、私のことをますますおとしめるようなことを言った。いくら私が利発でも、そんなにねたむことないじゃないか。こんなに利発にもかかわらず、私は年がら年じゅうバカだと叱られ、利発だねなどと本当のことは言われた例《ためし》がない。それなのにまだ姉は私をかばってくれないなんて、あと何回私がバカだと言われれば気が済むのか。

母は真剣《しんけん》な顔で私に言った。「ももこ、いいかね、お金っていうのはねぇ、ムダに使えばキリがないんだよ。いくらあってもどんどん無くなって、しまい

129 紙しばい屋

には家まで無くなっちゃうんだよ。子供の頃からムダ使いをするクセのついている人は、大人《おとな》になってもなおらなくて、家まで無くなっちゃうんだから、あんたもムダ使いのクセをなおしなさい」そんなこと真剣に言われても困《こま》るのであった。家まで無くなっちゃった人って、それ誰《だれ》？ という感じである。別に私はなにもそんなにムダ使いをしてる気がしなかったし、いくら注意されてもまたオッサンを見かければつぎ込むだろう。だって私はオッサンの追っかけなのだから。

そう思いながら母の説教を黙《だま》ってきいているとヒロシがやってきて「お、また怒られてるのか」と面白そうに言った。この男はどうして私が怒られているのを面白がるのだろう。まったく姉といい父といい、誰も私をかばうことをしない。外国の家族達のように、オヤジが「ママ、少しはももこの気持ちをわかってやれよ。彼女も自分のムダ使いを反省しているんだ」と言ってママの肩《かた》を抱《だ》きよせておでこにキスしてママの気持ちをおちつかせるとか、姉が「ももこ、あなたの気持ちもわかるけど、少しはムダ使いを控えた方がいいわよ。今回はママにナイショにしてあげるけど」と言ってウインクするとか、そういう洒落《しゃれ》た思いやりがあってもいいじゃないか。

ヒロシは私が紙しばい屋で三百円も使ったという話を母からきくと「ええっ、三百円も使ったのか⁉　紙しばい屋で？　もったいねー。ラーメン食えるじゃん」と言って去っていった。どんなに説教されるよりも、下手にかばってもらうよりも、「ラーメン食えるじゃん」の一言《ひとこと》が一番説得力を感じた。

暑さのこと

寒い季節も大変だったが、暑い季節も大変だった。

何度親にクーラーを要求したことであろう。あれさえあれば六月から九月中旬《ちゅうじゅん》まで、だいたいのことがうまくいったはずだ。家の手伝《てつだ》いをしない件《けん》、夏休みの宿題をなかなかやらない件、アイスやジュースのムダ使い、無意味なイラだち、疲労《ひろう》、憂鬱《ゆううつ》、愚痴《ぐち》、蚊《か》の侵入《しんにゅう》、クーラーさえあればそれらの問題から全《すべ》て解放《かいほう》されるのに、なかったからそれら全てが問題となっていた。

暑いとなると、もうどうしても暑い。どこに居《い》ても暑いし何もする気がしない。暑いというだけで体力を消耗《しょうもう》するのだ。何もしなくても消耗するのだから、これ以上何かしたら倒《たお》れてしまう。倒れると大騒《おおさわ》ぎになるので、防止《ぼうし》するためにも何もしないでダラダラするしかない。何かするとしてもせいぜいアイスを買いに行くために二〜三分外出して戻《もど》ってくるだけだ。それ以上の外出は倒れの原因《げんいん》になるからしてはいけない。

午前中、家の中でアイスを食べながら窓《まど》から入ってくる風をうけて涼《すず》んでいるひとときは少しだけ調子が良い。アイスっておいしいよなァとつくづく思う。このアイスの冷たさが、胃を冷やし、全身に涼しさを巡《めぐ》らせてくれるのだというイメージを湧《わ》かせながら食べると、イメージしないで食べるよりも気休め程《てい》度《ど》の効果《こうか》は得られるのでやるにこしたことはない。だからいつもイメージを忘《わす》れずにアイスを食べていた。

一本食べおわるとまたすぐ欲《ほ》しくなる。しかし、二本目のお金はなかなか簡《かん》単《たん》にもらえない。アイスばっかり食べるんじゃない、とかなんとか言われて連続二本食いの夢《ゆめ》は破《やぶ》れるのである。それで仕方なく、家の冷蔵庫《れいぞうこ》の冷凍室《れいとうしつ》をあけ、氷を一個《こ》出して丸ごと口の中に入れ、「ひゃあ、ちめてぇちめてぇ」などとバカ面《づら》を下げて台所でヒマをつぶしたりするのだが、口の中以外は別に涼しくなるわけでもなく自分自身が楽しいわけでもない。

やはり氷ではダメなのだ。アイスでなけりゃ、夏の私を満足させることはできない。母は「アイスばっかり食べるとお腹《なか》をこわすからダメだよ」と言うが、いっぺんでもいいから腹《はら》をぶっ壊《こわ》すほどアイスを食わせてみろと言いたい。だいたい何本アイスを食べれば腹を壊すのか、それの見当もつけたいから試《ため》しに好《す》き放題《ほうだい》アイスを食べてみるという実験をしてみりゃいいのだ。

だが、そんな提案《ていあん》は却下《きゃっか》されるに決まっている。私が思いついた名案など、いつだって親には通用しないのだ。「ももこのバカがまたバカなことを言っている」などと軽くあしらわれ、ついでに「もっと勉強をしろ」とか「余計《よけい》なことばっかり考えてないでまじめに生きろ」とか言われて悔《くや》しい思いをするだけだ。だから私はアイス好《す》き放題《ほうだい》食いまくりの実験のアイディアのことは自分の胸《むね》にしまいつつ、店の冷蔵庫からジュースを取ってきて飲むことにした。

アイスを食べたあと、店の冷蔵庫からジュースを取ってきて飲むという順番は、私の夏の生活では定番のパターンだった。うちは、八百屋《やおや》の店の片隅《かたすみ》で、なぜかジュースを売っていたのである。うちでジュースを買う人などあまりいなかったが、それでもこりずに売り続けていた。

うちのジュースが売れようが売れまいが、そんなことはどうでもいい。このさい、一本も売れなくても、私のために店の冷蔵庫にジュースを常備《じょうび》してくれてあればそれでいいのだ。私は〝店のジュースは私がタダで全部もらえるジュース〟だと当然のように思っていたし、実際《じっさい》飲みまくっていた。アイス食い放題の夢が叶《かな》わぬ分、ジュース飲み放題で補《おぎな》っていたというわけだ。

私は炭酸《たんさん》飲料が好きだったため、コーラかファンタかキリンレモンのどれかを選んで飲んでいた。コーラといえば、コーラ好きの子供《こども》の間で一時〝甘口《あまくち》と辛口《からくち》がある〟というウワサが流れ、それを本気にしたことがあった。そのウワサとは、コーラのビンの下のほうに必ず丸か四角かのどちらかのマークが刻印《こくいん》されていて、丸だったら甘口、四角だったら辛口だというのである。コーラのビンの下のほうには本当に丸や四角の形が刻《きざ》まれていたので、私は「なるほどっ、今まで気がつかなかったけど、コーラにはそういう味付けの違《ちが》いがあったのか」と信じ、それから四〜五年はそのことを信じつづけて飲んでいた。コーラを飲む前に必ずビンの下のマークをチェックし、丸だったら「ああ、甘口か」と思い、四角だったら「今日《きょう》は辛口か」と思いながら飲んだ。

コカコーラのびんの図
Coca-Cola
おっ これは四角だから辛口だね。
↑こう言いながら4〜5年間信じてのんでいた。

このウワサが、単なるデマだったと知った時にはちょっと落胆《らくたん》したものだ。私も、甘口と辛口の差ってそれほどないよなーとは思っていたものの、一応《いちおう》四〜五年間もそれを信じて甘口と辛口を飲み分けていたつもりだったのに、この長年のマークチェックが全て無意味だったなんて私って一体…という感じであった。友達《ともだち》にまで「あのねー、このビンの下のところのマークがね、丸だったら甘口で、四角だったら辛口なんだよ」と偉《えら》そうに語ってしまった思い出なども虚《うつ》ろに胸中《きょうちゅう》を駆《か》け巡った

ものだ。考えてみれば、コーラ会社が「コーラには甘口と辛口がありますよ」などというＣＭをやったわけでもないのに、どうして勝手なウワサが流れ、それをこんなに信じていたのだろう。

子供の頃《ころ》は特に、「よく考えてみりゃウソかホントかわかるだろ」というような簡単なウワサにも振《ふ》り回されたものだった。口裂《くちさ》け女のウワサなど、それの典型といえる。口が耳まで裂けていて、手にはカマを持ち、足の速さはオリンピック選手並《な》みのスピードで、普段《ふだん》はマスクをしていて塀《へい》の後ろなどに隠《かく》れており、若《わか》い男に「ちょっとお兄《にい》さん私とあそばない？」と声をかけ、断《こと》わられるとカマを振り回して追いかけてくるなんて、そんな女いるわけないじゃないか。

これが全国規模《きぼ》でウワサになり、当時私は中学生だったのに「もし口裂け女に道でバッタリ会ったらどうしよう」などと本気で心配したりした。私だけではなく、クラスメイトの過半数《かはんすう》が本気で不安になっていた。週刊誌《しゅうかんし》やＴＶでもこんな女のことがとりあげられていた。みんな、世の中全体がどうかしていたとしか思えない。

話は戻るが、私は辛口のコーラを選び、それを氷の入ったコップに注《そそ》いで飲んでいた。コーラだけを飲むのもいいが、この中にアイスクリームを浮《う》かべて、コーラフロートにするとおいしいんだよなー…と、コーラの泡《あわ》を見ながら思う。コーラの中に入れるアイスクリームは、レディ・ボーデンのバニラだったら死ぬほどうれしい。

つい先日、スタッフの多田さんが「初めてレディ・ボーデンのアイスを食べたときは感動でしたね」と言ったのをきいてハッとした。忘れていたが、私もレディ・ボーデンのアイスには衝撃《しょうげき》を受けたくちだ。あれを初めて食べた時、私は西洋人の豊《ゆた》かさを初めて体験として知ったといえる。まるで夢のようにおいしいと思った。レディ・ボーデンという名前も、今まで食べていた『○○チョコ棒《ぼう》』とかただのバニラとか、そんなのと違って全く聞き慣《な》れない未知の世界からの美しい響《ひび》きを感じさせた。レディ・ボーデンのCMもよくできており、「♪レディーボーデン、レディーボーデン」という女の人の歌声《うたごえ》がクラシックのような格調《かくちょう》で流れ、画面には何種類もの味のアイスクリームが現《あらわ》れ、大きなスプーンであのアイスクリームをすくうところがアップになる時、「あ〜〜〜、おいしそう、食べたいよぅ」という思いが炸裂《さくれつ》するのであった。

レディ・ボーデンが買ってもらえることなんて、クリスマスか正月か、あとはよっぽど何かめでたいことでもあった時にしかなかったので、単に暑さしのぎに飲んでいるコーラの中にそれを浮かべるなどというのはどだい無理な話だ。レディ・ボーデンじゃないアイスさえ入手不可能《にゅうしゅふかのう》だからこうしてコーラだけを飲んでいるのだ。コーラだけでも充分《じゅうぶん》おいしいのだから、いくらヒマでもこれ以上ぜいたくを求めてはいけない。

アイスとコーラでどうにか午前中をやりすごし、ダラダラと午後に突入《とつにゅう》してゆく。暑さはますます厳《きび》しくなり、セミの声だけがミンミンとやたらうるさくきこえて耳障《みみざわ》りだ。昼寝《ひるね》しようと思っても、家の窓のそばでセミに鳴かれたりすると非常《ひじょう》に腹が立つ。

寝るに寝られず、ただもう漠然《ばくぜん》とダラダラけていると、母がやってきて「ダラダラしてるんじゃないよ。見ているだけでわずらわしい」とイチャモンをつけてくるのでこちらも少々カチンとくる。見ているだけでわずらわしいのなら、見なけりゃいいじゃないかと言い返すと、「口ばっかり達者《たっしゃ》になって、にくらしいったらありゃしない」などと言われてまたカチンとくる。口が達者で悪かったね、にくらしくてもアンタの子供だざまあみろ、とついつい本当に憎《にく》らしいことを言い返してしまうのも暑さのせいだ。こんなに暑くなけりゃ、私はもう少し気の利《き》いた返事をしたであろう。

母とケンカするのも面倒《めんどう》なので、私は風呂場《ふろば》で行水をすることにした。もう、暑さもセミの声も母の文句《もんく》も何もかも、頭から水をかぶって吹《ふ》きとばしてやれ。頭から水をかぶれば、全て解決《かいけつ》するだろう。そんな気がした。

それで頭から水をかぶったわけだが、風呂場から出たとたん暑さが戻ってきた。タオルで体をふいている時点でもう暑い。服など着たら蒸《む》しギョウザのようになるだろう。

ギョウザになっている場合じゃないぞと思い、パンツとシミーズだけ着て過《す》ごすことにした。子供か婆《ばあ》さんだけに許《ゆる》される行為《こうい》である。パンツとシミーズでダラダラ過ごすのはなかなか快適《かいてき》なものだ。なんかスッと風が胸元《むなもと》から入ってきて、サラッと腹の下に抜《ぬ》けてゆく。風がシミーズの中を通りすぎてゆくとき、ちょっと自分が風の精《せい》になったみたいな気もする。この白いシミーズも、まるで本当に風の精が着てる服のようなかんじだ。あら私、ほんとうは風の精だったのかしら？　などと調子にのり、窓の近くで風に吹かれながらバレエの踊《おど》りのまねをしてクルクル回ったりしたあと、「フー、なんか疲れちゃった」とつぶやきながら寝ころんで広告のウラにらくがきをし、そのうちにウトウトと一時間半位眠《ねむ》るのであった。

せっかく風に吹かれて気持ち良く眠っている私に、母がタオルケットなどをかけるので汗《あせ》ぐっしょりになって目が覚めてしまう。起きたとたんに「暑いじゃんっ」と頭にきてタオルケットを投げ、母に〝余計なことをするな〟と文句を言いに行く。

私は、朝からどうやってこの暑さをしのぐかということを真剣《しんけん》に考えながら暮らしているのだ。それなのに、心地よく眠っている私にタオルケットをかけるなんて、嫌がらせとしか思えない。

母に文句を言うと母は「シミーズとパンツ一丁なんかで寝ていたらカゼをひくでしょ」と言った。ひくもんか。この暑さでヒトにカゼをひかせる力をもつウイルスなんていたら見せてもらいたい。さっきの腹こわしと同様、カゼのひとつもひかせてもらいたいもんだ。カゼでもひけば、悪寒《おかん》やなんかで少しは涼しくなるかもしれない。

タオルケットのことで頭にきているうちに夕方になり、冷やしそうめんでも食べろと言われるが別に食べたくない。夕方になっても全然涼しくならないな、と思ってTVのニュースを観《み》ていると「今夜は熱帯夜です」などとんでもないことを言っている。

なんだい、その熱帯夜って。ここは熱帯じゃなくって清水《しみず》だろ？　冗談《じょうだん》じゃないよこの暑さ、誰《だれ》かホントに何とかしてよ。と思うのだが、誰一人《ひとり》何とかしてくれる者などおらず眠れぬ夜に突入してゆくのであった。

きもだめしの計画

小学校二年の時、近所の友人と本格的《ほんかくてき》な肝《きも》だめしをやろうじゃないかという話になった。なんでまたそんな話になったのかといえば、単にいつも遊びに行っている寺の裏《うら》に、ちょうどよい広さの墓地《ぼち》があったのである。私達《たち》は普段《ふだん》、寺でしか遊ばなかったので、墓地の中はまだ未知の空間であった。

本格的な肝だめしをする前に、とりあえず墓地の下見をしておいた方が良いということになり、私達は昼間の墓地へ向かった。墓地の入口付近には小さい焼却炉《しょうきゃくろ》が不気味に建っており、ゲゲゲの鬼太郎《きたろう》の世界へようこそという感じがした。友人が「もしや、この焼却炉は、死体を焼くのかもよ」と言うので私は「…まさか」と言った。でも、わからない。ひょっとしたら、時々この焼却炉でも死体を焼いたりするのかもしれない。そんな気もする。

友人は、「骨《ほね》が見つかるかもしれないから、焼却炉の中をのぞいてみようか」と言うので私もうなずいた。ふたりで中をのぞいたが、シャレコウベとかそういうわかりやすい骨は見つからなかった。友人は「骨のような物があったような気もするね」と言ったので私も一応《いちおう》「うん」と言ったが、本当はよくわからなかった。

私達は墓地の中に入っていった。昼間だというのに静まり返っていて、寂《さび》しい感じがする。友人は、大きな墓《はか》を指さし「あのお墓は戦争で死んだ兵隊さんのお墓なんだよ」と言った。なんでそんなこと知っているのかと思いつつ私は「へー、そうなんだ」と納得《なっとく》した。友人は更《さら》に「あのお墓の前に、毎晩《まいばん》夜遅《おそ》くなると、片手《かたて》のない兵隊さんのユーレイが出るんだってさ」と声をひそめて言った。私はゴクリと唾《つば》を飲んだ。本当かな？　本当だったらかなり怖《こわ》い話じゃないか。こんなウワサをしているのが、もしそのユーレイにきこえたら、夜中じゃなくても出てくるかもしれない。そうしたらどうしよう。

私が黙《だま》って深刻《しんこく》になっていると友人は「今はまだ昼間だから出てこないよ」と言って私を励《はげ》ました。私は「でももし出てきたらどうすりゃいいの？　こんなウワサしていたら、きこえて出てくるかもよ」と友人にきいてみた。友人は「そしたら逃《に》げるしかないじゃん」と言ったのであぁその通りだよな、と思った。

私達はそのまま墓地の奥《おく》へ進んでいった。友人は小さな墓を指さし「あのお墓は、小さい赤ちゃんのお墓で、夜遅くになると泣《な》き声がきこえるんだって」とまた怖い事を言った。さっきから思っていたが、なんで彼女《かのじょ》はこの墓地のお化けのウワサをよく知っているのだろう。私はそれを知りたい。

その件《けん》について彼女に問うと、彼女は「うちのお姉《ねえ》ちゃんが親せきのおじさんからきいたんだよ」と言った。年上の人達のウワサだと知り、私はますます怖くなった。友人のクラスメイトのウワサなどだったらたいした信憑性《しんぴょうせい》もないが、親せきのおじさんルートとなるとこれは真剣《しんけん》に受けとめるべきである。

私は赤ちゃんの泣き声のするというお墓を横目で見ながら友人の後をついていった。私達は墓地をグルリと一周し、その日はとりあえず帰ることにした。

家に帰り、私は今日《きょう》友人からきいた話を家族に話した。たぶん全員信じないだろうなと思いつつ話したが、予想通り全員信じなかった。「ユーレイなんて出るわけない」と口をそろえて言うのである。私だって見たわけではないから確《たし》かなことは言えないが、それにしても少しぐらい本気にしてくれたっていいではないか。

私がふくれっ面《つら》をしていると、ヒロシが酔《よ》った勢《いきお》いで「よーし、それじゃあよォ、今からユーレイがいるかどうか、一緒《いっしょ》に見に行こうぜ」と言い出した。私は内心「えっ、ちょっと待ってよソレ本気？」とかなりうろたえていたが、自分からユーレイの話を持ち出しておいて勝手にふくれっ面までしておきながら、いざとなると「ユーレイなんて見たくありません…」などと言うのもとんだ腰抜《こしぬ》けだと思い、一緒に行くことにした。

母も姉も「ばからしいからよしなよ」と言って止めたがヒロシは「行くんだ」と言ってきかなかった。ヒロシは、こういうばからしいことになるとはりきるのだ。私はあまり気がすすまなかったが成りゆき上しかたなくクツをはいた。

家を出てまもなく、私とヒロシは寺に着いた。寺に着いただけでもう怖い気がした。私は「おとうさん、やっぱり帰ろうよ」と言ったがヒロシは「行くぞ」と言って墓地の方へすすんで行った。私はひとりで帰るわけにもいかず、ここで待つわけにもいかず、抜きさしならない状況《じょうきょう》の中、ヒロシにくっついて墓地に行くしか選ぶ道はなかった。

静まり返る暗い墓地に私とヒロシは立っていた。そりゃもう怖いったらありゃしない。ただでさえこんなに怖いのだから、もしもウワサ通りの事が起こったら心臓《しんぞう》マヒで即死《そくし》するだろう。

私はひたすら黙ってヒロシの腕《うで》をつかんでいた。ヒロシは墓地を見回し「ホラな、なんにもいねぇだろ。わかったか」と言ったので私は「うん」とだけ言い、うつむいた。もう充分《じゅうぶん》わかりましたどうもすみませんでしたという心境《しんきょう》だった。

私は友人に、父と一緒に夜の墓地へ行ったという報告《ほうこく》をした。友人は「えっ、行ったの!?　どうだった？」と興味《きょうみ》深そうに尋《たず》ねるので、私は「何もいなかったよ」と答えた。すると友人は「何時ごろ行ったの？」ときいてきたの

で「夜の九時すぎだけど」と答えると「それじゃあまだユーレイの出る時間じゃなかったかもね。ユーレイが出るのは夜中の十二時すぎじゃないとね」と言うではないか。

それじゃアンタ行けば？　と私は言った。九時すぎの墓地であんなに怖かったのだ。十二時すぎの墓地なんて、どう考えても私には行けない。もう、ユーレイが本当に出ても出なくてもどうでもいい。十二時すぎたら出るのかもしれないのなら、そんな時間に絶対《ぜったい》に行きたくない。

私は肝だめしの中止を主張《しゅちょう》した。

本格的な肝だめしなんて、私達子供《こども》には無理だ。夜の墓地というのは予想以上に怖いのだ。

私の強い主張にもかかわらず、友人はまだ肝だめしを実行したいと言っていた。夜がそんなに怖いのなら、せめて夕方にやろうよという折衷案《せっちゅうあん》を出してきたので私は「うーん…」と迷《まよ》ったが「…じゃあ夕方、やろうか」としぶしぶOKしてしまった。夕方なら、どうにか勇気を出して墓地を回れる気がしたのである。

夕方、私達は墓地へ向かった。入口の焼却炉はますますゲゲゲの鬼太郎さを増し、もう冗談《じょうだん》でもこの焼却炉で死体を焼いているかもなどと考えたくなかった。

友人と私は、しっかり手をつないで墓地に入っていった。二〜三歩進み、それ以上どうしても前へ進めなくなった。もうちょっと進んだら、例の兵隊さんのユーレイの出るお墓が見えてしまう。私達は黙っていたが、それが見えてしまうのが怖くて前に進めないことはお互《たが》いにわかっていた。

私が「…帰ろう」と言うと友人も「うん」と言った。その時、突然《とつぜん》「あんたたち、墓場で何やってんのっ!!」という寺の婆《ばあ》さんの声が響《ひび》きわたり、私達はとび上がって驚《おどろ》いた。

ふたりとも、一目散《いちもくさん》に走った。ハァハァという呼吸《こきゅう》の中に、少しヒィヒィという声がまじり、私も友人も泣いていた。

もう、本格的な肝だめしをしようなどと、友人も決して言わなくなった。あんなに肝を冷やしてしまったのだから、当分の間、肝をためすようなことをせず大切にしてやらないと体に悪い。

フェスタしずおか

『フェスタしずおか』とは、その名の通り静岡《しずおか》で行われるお祭りである。毎年八月の上旬《じょうじゅん》、三日間ぐらいにわたって祭りは繰《く》り広げられるのだが、その三日間に日替《ひが》わりで人気タレントのミニコンサートが行われるため会場は非常《ひじょう》に盛《も》り上がるのだ。

私が小学校三年生の時、フェスタしずおかに西城秀樹《さいじょうひでき》と山本リンダと城《じょう》みちる他《ほか》が来ると新聞に大きく発表された。初日はヒデキ、二日目は山本リンダと城みちる、三日目は忘《わす》れたが桜田淳子《さくらだじゅんこ》あたりだったと思う。

これはもう、三日間ぶっ続けでフェスタしずおかに行くしかない。私は両親に即《そく》その旨《むね》を申し伝えたが、ふたりとも「別にそんなものにわざわざ行く必要はない」と口をそろえて言うではないか。わかってない。全くこの人達《たち》はわかっていない。

小学三年生の私が、今、この夏休みに三日続けてフェスタしずおかに行って人気タレントを実際《じっさい》に見ることの大切さが両親にはわかっていないのだ。小学校三年生の時にお祭りで人気タレントを見たという思い出は、大人《おとな》になってからもずっと素晴《すば》らしいものを見たという大切な思い出として残るに違《ちが》いない。その将来《しょうらい》の大切な思い出づくりの、こんなにもわかりやすいチャンスがまさに到来《とうらい》しているというのに、ヒロシも母もそれに気づかず私の願いをきいてくれないとは定番の言い方をすれば「あたしゃ情《なさけ》ないよ」という心境《しんきょう》である。

姉も、珍《めずら》しくダダをこねていた。「三日間とも行きたいよう」と私と同じことを言っている。よし、ここはひとつ姉妹の力を合わせて親を口説《くど》き落とそうではないか。

そう思い姉に「お姉《ねえ》ちゃん、一緒《いっしょ》に泣いて騒《さわ》ごうよ」と言ったがその案は断《こと》わられた。そんなことしたくもないし、してもうるさいと怒《おこ》られるだけだという意見、ごもっともだと私もそれには賛成《さんせい》し、六年生になると三年生の自分より少しは思慮深《しりょぶか》いもんだと見直した。

姉の提案《ていあん》により、一日目を母、二日目を父、三日目は近所のいとこに連れて行ってもらおうということになった。三日連続夫婦《ふうふ》そろって来てくれとは言わないから、せめて交代で一日ずつつきあってくれといえばどうにかなるかもしれない。

まず、いとこに連絡《れんらく》したら用事があるからと断わられた。これで三日目は行けないことに決まった。まァ、もともと初日のヒデキと二日目のリンダを見られればそれで良いのだから三日目は仕方ないよね、と姉妹で励《はげ》まし合い、いよいよ本番の両親への懇願《こんがん》に再度《さいど》臨《のぞ》んだ。

私と姉は初日と二日目だけでいいから交代で連れて行ってくれと頼《たの》んだ。

「おとうさんが初日、おかあさんが二日目、ただついてきてくれるだけでいいんだよ。お願いっお願いっお願いっ」と私達は手を合わせて頼んだ。

ふたりともうるさそうなカオをしていた。母は「私、混雑《こんざつ》している所に行くと頭が痛《いた》くなるからやだよ。おとうさん、行ってやってよ」とヒロシに振《ふ》った。

私と姉の願いはヒロシひとりに集中し、「おとうさん、お願いっお願いっお願いっ」と、通常《つうじょう》なら絶対《ぜったい》に願《がん》をかけられたりするような有難《ありがた》い者ではないヒロシが拝《おが》み倒《たお》されることになった。

ヒロシは「なんだよ、ファンタなんて行きたくねぇなァ」と言ったので「あんたファンタじゃなくてフェスタだよ」と思ったが私も姉もそれは言わずに黙《だま》っていた。

ヒロシは「しょうがねぇなァ、じゃあ、ヒデキの日かリンダの日のどっちかだけなら連れてってやるから、どっちか一日だけ決めろ」と言った。

これは悩《なや》むところである。ヒデキかリンダかどっちかにしろなんて、腹《はら》が減《へ》っている時にスシか天プラかどっちかにしろと言われた時より悩むところだ。

私と姉はどちらにするか相談した。私も姉もヒデキとリンダの両方見たいとばかり言っていた。だからどっちも連れていってほしいと頼んでいたのだ。決められればとっくの昔に決めていた。決められないからあんなに頼んでいたんじゃないか。しかし、これ以上ごねるとうるさいと怒られて、ヒデキもリンダもどっちも見られない事になるといけないのでどちらかに決めなくてはなるまい。

ヒデキは土曜日の夜、リンダは日曜日の夜だ。曜日から考えると、『8時だョ！全員集合』とバッティングするヒデキが明らかに不利に思われた。私も姉もドリフは見たい。でも、ドリフのためにヒデキを見逃《みのが》すというのも残念な話だ。しかし、ヒデキを見たらリンダは見られないとなると、リンダとドリフを見逃してまでヒデキをとるかということになってくる。リンダとドリフのダブルを棒《ぼう》に振るのはあまりに惜《お》しい。姉も「ドリフがね…」と言っている。ドリフは別に生《なま》で見られるわけじゃないのに当時の私達にとってはかかせないものだったのだ。

姉はボソッと「…ヒデキは去年もフェスタに来たから、きっと来年も来るよ…」と言った。その一言《ひとこと》でリンダを見に行くことに決まった。ヒデキは来年もきっと来てくれるに違いない。私と姉はリンダに決めたことをヒロシに告《つ》げに行った。

ヒロシは「おう、リンダにしたのか。オレもさ、どっちかっつうとリンダのヘソの方が見てぇと思ってたんだ」とヘソを見たかったという欲望《よくぼう》を告白し、続けて「ヒデキはよォ、去年も来たからまた来年も来るだろ」と姉と同じことを言った。私も姉もヒロシも、全員リンダの他に城みちるも来ることはすっかり忘れていた。

土曜日の夜、「今、静岡にはヒデキが来てるんだよなー…」と思いつつドリフを見て、いよいよリンダを見に行く日がやってきた。

私は朝からはりきっていた。もしもリンダにバッタリ会ったらサインをしてもらおうと思いノートとサインペンも用意した。姉は、「リンダにバッタリ会うわけないじゃん」と言っていたが、リンダだってお祭りの屋台《やたい》の店先をウロウロしたいかもしれないじゃないか。私がリンダだったらそうする。金魚すくいもやりたいしヨーヨーやりんごあめだって買いたい。リンダがウロウロしなくとも城みちるはウロウロしているかもしれない。どっちみちサイン帳は持っていった方がいざという時後悔《こうかい》しなくて済《す》むのである。

私は「早く行こう行こう」とヒロシをせきたてたのだがヒロシは「こんな昼間っから行くのは暑いからよせ。もうちょっと涼《すず》しくなってからにしよう」と言い、結局家を出たのは四時すぎだった。

電車に乗り、五時にはフェスタしずおかの会場に着いた。会場は、駿府《すんぷ》公園という大きな公園で、昔はここに駿府城が建っていたのだ。徳川家康《とくがわいえやす》やその他の人もこの駿府城から富士山を見て喜んだりしていたのだろう。それが時を経《へ》て城《しろ》はなくなりこうして公園に生まれ変わり、リンダを見るために人が集まるようになるとは当時お城を建築《けんちく》した職人《しょくにん》さん達も全く予想していなかったであろう。

コンサートが始まるまでの間、私達はお祭りの屋台を見物することにした。私はソフトクリームを買ってもらったのだがそれが暑さのためにものすごいスピードで溶《と》け始め、必死で食べたのだが溶けのスピードにおいつけずに手を汚《よご》した。姉はカップに入ったかき氷を買ってもらったため、ゆっくり涼しそうにそれを食べていた。こういう時、なぜかいつも私より姉の方がうらやましい状《じょう》況《きょう》になっているのだ。私はどうしてつまらない選択《せんたく》ばかりしてしまうのだろう。そして姉はどうして選択を間違《まちが》えないのか。今回のこのソフトクリームを選んだ件《けん》も、選んだ当初は自分の選択に間違いはないと思っていた。姉がかき氷を選んだのを見て「ハン、お姉ちゃんはバカだね。氷なんかより絶対ソフトクリームの方がおいしいのにさ」などと姉の選択をせせら笑っていたほどだ。なのにこの現状《げんじょう》はどうか。あわてふためいて味もわからず食べおわったソフトクリームによりベトベトになったこの手、そして姉をうらやましいと思うこの気持ち。これらをまとめてやるせないという。

やるせないままではせっかくリンダを見に来たというのに景気が悪いのでまずこの汚れた手を洗《あら》いたい。こんな手ではもしもリンダにバッタリ会ってもサインをお願いできやしない。「手を洗いたいよう」と言うとヒロシは「ねーちゃんがまだ氷を食ってるからちょっと待ってろ」と命じた。私のうらやましさの素《もと》になっている姉の氷のために待機を命じられるとは、やるせなさの二乗がこれだ。別に姉は悪いわけではないが、腹立たしいったらありゃしない。そんなカップ入りの氷なんて、もたもた食ってないでザーッと飲んでしまえっ、と思いながらしぶしぶ待った。

ようやく姉は氷を食べおわり、私は手を洗うことができた。これでやるせない気分ともおさらばだ。ここでバッタリ山本リンダに会ったとしてもキレイな手でサインをお願いできる。もちろん城みちるでも同じことだ。手を洗えて本当によかった。

晴れやかな気分でちょいと屋台を覗《のぞ》くと、そこは小さなオモチャ屋さんになっていて、お人形やらビーズやら、私の欲《ほ》しそうな物ばかり売っていた。私の欲しそうな物ばかりとくればそりゃ本人欲しくてたまらない。「ちょっとおとうさんおとうさんっ」とヒロシを呼《よ》び止め、「一個《こ》だけでいいから買って」と頼んだ。

ヒロシは「おう。そんじゃ好きなの選べよ」とあっさり言ったので私は非常にうれしかった。こういう時のおとうさんて大好き、と物欲《ぶつよく》を満たしてくれた直後などは父への親愛の情《じょう》が湧《わ》く。母に対してもだいたい同じ湧き方だ。

私は屋台のオモチャの中から、モールで作られた小さい鳥をひとつ取った。それで「これ買って」とヒロシに言うとヒロシは「そんなもんが欲しいのか」

と言いながら屋台のオッサンに百五十円支払《しはら》った。ヒロシにしてみりゃつまらない物に見えるだろうが、私はこういう物が大好きなのだ。こういう物を買ってもらえるからお祭りっていいなと思う。

姉は、別にこれといって欲しい物もない様子であった。私が何か買ってもらってもそれをねたむ気配もなく、張《は》り合って買ってもらおうという気もないようだ。こんな時、私だったら「私も買ってー」と騒ぎ、たいして欲しくもない物まで買ってほしいとねだるのだが、姉はそういうことをしない。六年生だからというわけではなく、もっと小さい頃《ころ》からわりとそういう質《たち》であった。見習った方がいい気もするが、別に見習わなくてもいい気もする。

祭の屋台を見物しているうちにコンサートの時間になったので我々《われわれ》はステージのある方へ行った。ステージの前にはすでに多勢《おおぜい》の人が集まっており、「ああ、みんなリンダを見に来たんだなァ」と思うともういたずらに胸《むね》の期待が高まった。

そういえば、城みちるも来るんだったとまた忘れかけていたが思い出し、今まで彼《かれ》に興味《きょうみ》を持ったことがなかったが、実物を見るのが間近に迫《せま》っているとなれば興味が湧かずにはいられない。私は姉に「城みちるって、実物はどんなかんじかなァ」と何気なく言ってみたら姉は「ＴＶと同じでしょ」とサラリと言った。たぶん姉の意見は正しいだろう。

やがて野外ステージにビカッとライトがともり、ステージ前の通路にオープンカーが現《あらわ》れ、それに乗ったリンダと城みちるが客席にむかって手を振りながら登場してきた。

客席はワ――――ッと大喜びの声が上がった。「わぁ、リンダって色が白くてお人形さんみたいにキレイだなー」と私は思い、ボーッとした。姉の言ったとおり、城みちるは本当にＴＶでみるのと同じだった。すごく城みちる本人なんだなァという気がした。

ステージに上がったリンダと城みちるは笑顔で客にあいさつをした。リンダは「こんばんはー。今日《きょう》は静岡のみなさんにお会いできてとってもうれしいでーす」と言ったので、「私のほうこそとってもうれしいよっ!!」と心の中で返事をした。城みちるもたぶん何か似《に》たようなことを言ったと思うが忘れた。

でも、リンダも城みちるもすごく感じがよかった印象が残っている。

まずは城みちるが『イルカにのった少年』という彼の代表曲を歌った。彼といえばこの曲だ。なんか、海のむこうのどこかの水平線から、イルカに乗った少年が急に現れるという内容《ないよう》の歌だ。タイトル通りの内容といえる。

そんな歌を踊《おど》りながら熱唱し、みちるは去っていった。次はいよいよリンダの出番だ。ヒロシが「おい、ももこ、見えるか？　だっこしてやろうか？」と珍しく気のきくことを言ったので私はありがたくそうしてもらうことにした。小学校三年生にもなって、だっこしてもらうのもみっともないなと思ったが、リンダをよりよくしっかりと見届《みとど》けるには少しでも高い所から見た方が良い。

だっこしてもらったとたん、リンダがヘソを出してステージに現れ、『狙《ねら》いうち』を歌い始めた。『狙いうち』という曲が例の「♪ウララ　ウララ」というやつである。のっけから強烈《きょうれつ》にパンチの効《き》いてるこの歌に、大人も子供《こども》もみんなノックアウトという感じで流行《はや》ったのだ。この曲で美しいリンダがヘソを

出して妖《あや》しく踊り歌うのだからたまらない。余計《よけい》なことを考える間《ま》もなく魅《ひ》きつけられてしまう。リンダの歌と踊りに合わせて、自分までメラメラと熱く燃《も》えてくるような感じもする。フラメンコに近いといえるかもしれない。

私はリンダに釘《くぎ》づけのまましっかり彼女《かのじょ》を見届けた。歌がおわるとヒロシが「おい、もう降《お》ろすぞ」と言って私を下に降ろした。おかげさまでリンダをよく見ることができ、久しぶりにおとうさんにだっこしてもらうのもいいもんだったな、と思う。

帰り道で、私はヨーヨーを買ってもらったが姉はヨーヨーなどいらないらしく買ってもらわなかった。この時も〝私ならいらなくても買ってもらうのになー〟と思ったものだ。

家に戻《もど》ると母が「どうだった、リンダは」ときくので私は「キレイだったよ。色が白くてお人形さんみたいだった」と答えた。ついでに「城みちるはＴＶでみるのと同じだったよ」とも教えてやった。

それから数日後、姉が新しい下じきとふで箱を持っていたので「あ、それどうしたの？」ときくと姉は「フェスタの時、わたし何も買ってもらわなかったから、コレ買ってもらったんだよ。あの時あんたばっかり買ってもらってたからさ」と言った。それをきいてまた、私は姉の選択に少しうらやましさを覚えたわけである。

春の小川の思い出

私は小川が大好きだ。小さい川を見ると、〝何かいるんじゃないか〟とわくわくする。何かとは、メダカやフナやザリガニなどの水中生物だ。そういうのをアミで採《と》ったりするのが大好きなのだ。子供《こども》の頃《ころ》から好きだった。大人《おとな》になった今でもその気持ちは変わらない。近所にメダカが泳いでいる小川があればいいのになーと思うし、何もいなそうなドブ川でも、もしかしたらと思って一応《いちおう》ジロジロのぞいている。

子供の頃は、春になるたびにかなり遠くまで生き物を採りに行った。自転車に乗ってたまちゃんと共にあちこち駆《か》け巡《めぐ》っていた。

私達《たち》の希望としては、メダカが欲《ほ》しかったのだが、メダカがいることはめったになかった。だいたい採れるものはオタマジャクシかザリガニで、たまにドジョウが採れることもあったが、たいしてうれしくなかった。

採った生き物は家に持ち帰り、適当《てきとう》な容器《ようき》に入れて飼《か》っていた。春に採った

生き物は、年末までにたいてい死に、また次の年の春に採りに行くのであった。

　六年生の春、クラスメイトの〝かねやん〟というあだ名の女子が「ももちゃん、私、メダカが採れる場所知ってるから、たまちゃんも誘《さそ》って三人で行こうよ」と言ったので私はヒザをポンと打って喜んだ。

　メダカが採れる川こそ、最も希望とするところだ。毎年、オタマジャクシやザリガニで我慢《がまん》していたが、本当に欲しいのはメダカなのだ。町のキンギョ屋で買ったメダカを飼ってはいたのだが、できれば野生のメダカを欲しかった。メダカならキンギョ屋のでも何でもいいじゃないかと思うかもしれないが、それは素人《しろうと》の考えだ。野生のメダカにはツウ好みの良さがあるのだ。キンギョ屋のメダカよりちょっと小ぶりでツヤが良い。そして動きが速く全体的にシャープなのである。

かねやんの話によれば、そこの場所にはメダカがウジャウジャ泳いでおり、タモを入れただけで十匹《ぴき》は採れるという話であった。ひとタモ十匹の話に、私とたまちゃんの目は輝《かがや》いた。今まで毎年メダカを求めてあちこち苦労していたが、今回は今までの苦労がまとめてごほうびとして返ってくる予感でいっぱいだ。ひとタモ十匹、ふたタモで二十匹、三回タモを川に入れれば三十匹なんて、たまちゃんとふたりでメダカ屋でも開こうじゃないか。

約束の日、全員自転車に乗って待ち合わせ場所に現《あらわ》れた。かねやんは、小さい弟を自転車のうしろに乗せていた。「弟も一緒《いっしょ》に行きたいって言うもんだから、連れてきたけどいい？」と言うので、別にいいよと言うと、かねやんは「それじゃ、ちょっと遠いけどみんながんばって走ろう」と言って出発した。

本当に遠かった。予想以上に遠かった。見知らぬ町をいくつも通りすぎ、途《と》中《ちゅう》坂を越《こ》え川沿《かわぞ》いを走り、だんだん田舎道《いなかみち》になり、やっと目的地に到着《とうちゃく》した。かなり疲《つか》れたが、メダカ採り放題《ほうだい》という夢《ゆめ》のためならこのぐらいへっちゃらだ。私達は自転車を適当に置き、すぐに小川へ直行した。美しい水の中にいっぱい水草が揺《ゆ》れ、水面に陽《ひ》の光が反射《はんしゃ》している。ああもうどうしようというほどに、私の憧《あこが》れていたタイプの小川だ。メダカの学校の先生も生徒も全員集まって全校集会を開いていそうである。

さあタモだ。私は川の中にタモを入れ、ザ——ッと水中を横切らせ、外に出した。十匹ぐらい採れたかなと思い、中身を見たが何も採れていなかった。たまちゃんもやった。しかし何も採れなかった。まァ、まだ来たばっかりだし、だんだん調子がでるだろうと思い、私達はメダカを探《さが》した。

一時間が経過《けいか》したが、メダカは一匹も採れなかった。かねやんは私達を連れてきたのに何も採れないことに責任《せきにん》を感じ「ごめん、こんなはずじゃなかったのに…」と言って弟にも手伝《てつだ》わせてメダカを必死で探していた。私もたまちゃんも、別にかねやんのせいじゃないよと言ったのだが、かねやんは必死だった。

そのうち、急に天気が悪くなり、ゴロゴロと雷《かみなり》の音がしてきた。私達は春《しゅん》雷《らい》の音と共に一斉《いっせい》にメダカ探しを中止し、自転車に乗って帰ることにした。

雷の音は響《ひび》き、大粒《おおつぶ》の雨が降《ふ》ってきた。雨粒が顔面に激《はげ》しくぶつかってくる。自転車をこぐのが辛《つら》い。非常に厳《きび》しい状況《じょうきょう》である。家まで果てしないほど遠いが、自転車で来たからには自転車で帰るしかない。私達は徒労感《とろうかん》を抱《かか》え、雨に打たれてひたすら自転車をこぎ続けた。

かねやんと別れ、私とたまちゃんが自転車をこいで巴川《ともえがわ》の橋にさしかかった頃、雨はやんで空に虹《にじ》がでていた。私達は自転車をとめ虹を見た。「たまちゃん、虹が見れてよかったね」と私が言うとたまちゃんも「うん。そうだね」と言った。ふたりとも、それ以上何も言わなかった。

三年後、私とたまちゃんはまた川へ行く計画をたてていた。ふたりとも、中学を卒業したというのに、まだ川へ行ってメダカを採ろうなどと進歩のない話で盛《も》り上がっていたのだ。

今回は、思い切って列車に乗って遠くへ行こうという事になった。清水《しみず》駅から列車に乗り、大井川《おおいがわ》鉄道に乗りかえ、大井川の上流に行ってみればきっと何かあるんじゃないか、そんな計画をふたりで企《くわだ》ててみた。

私達は、この小旅行への期待がふくらんでいた。中学を卒業したこの春、列車に揺られて遠い町まで行った先で、すてきな男の子と知り合ったりするんじゃないか。そんなこともふたりで言い合ったりして必要以上にときめいていた。このさい、メダカなんていてもいなくてもどうでもいいよね、などと遂《つい》にそんなことまで言い合った。

計画通り、私達は列車に乗って旅に出た。清水から乗り、大井川鉄道に乗りかえ、大井川の上流に到着した。その間、私達は淡々《たんたん》と列車に乗っていただけであった。

大井川の上流には、川以外何もなかった。人もいなかった。すてきな男の子どころか、じいさんも見当たらなかった。私とたまちゃんは無言で川原を歩き、素早《すばや》く弁当《べんとう》を食べ、引き返すことにした。

帰りの列車に揺られながら、私達は世の中の期待はずれについて語ったりした。何かいいことなんて、そんな簡単《かんたん》にあるはずないよね、などと言い合った。

この春休みが終われば、私達は高校生になる。ふたりとも同じ高校を受験したので、同じ高校に通えるのだ。いいことなんて、そんなに簡単にはないかもしれないけど、また一緒に何か面白いことを考えようねと言って列車を降《お》りて別れた。夕暮《ゆうぐ》れの町に、桜《さくら》の花がもう少しで咲《さ》きそうにふくらんでいた。

それから毎年、私とたまちゃんは春になるたび山に行ったり川に行ったりし、野草を採ったりスミレの栽培《さいばい》にこったり、次々とふたりだけの独自《どくじ》のブームで楽しんでいた。本当に趣味《しゅみ》が合ったのだ。小学校一年の時、同じクラスになって以来、私とたまちゃんはずっと親友だった。絵も好きだったし、動物も好きだった。お互《たが》いに、他の友達もいたが、幼《おさな》い頃から私とたまちゃんの独自のノリというものは完全に確立《かくりつ》されていた。

高校三年の夏、私は漫画家《まんがか》になりたいという夢をたまちゃんに告《つ》げた。たまちゃんは、「ももちゃんならなれるよ」と言った。そして、自分は外国に留学《りゅうがく》したいという夢を私に告げた。私達は、もう一緒の春を過《す》ごすことはなくなる。スミレやメダカが私達の少女の時の思い出になってゆく。私とたまちゃんは悲《かな》しかった。でもふたりとも黙《だま》っていた。たまちゃんがポツリと「大人になっても隣同士《となりどうし》の家に住めればいいのにね」と言った。その言葉の中に全《すべ》ての悲しみが含まれていた。私は顔を上げずに「うん」とだけ言った。目の中にたまった涙《なみだ》が乾くまでまばたきもしないで下の方を見ていた。

いつも一緒の楽しみを追求してきた私達が、自分の夢にむかってそれぞれに歩み始める時がきたと感じた。私達の最後のブームが〝自分の夢にむかってすすむ〟ということだった。

翌年《よくねん》の夏、私は漫画のデビューが決まった。同じ頃、たまちゃんは成田からアメリカに旅立った。

あとがき

年が明け、一九九八年になった。「ノストラダムスの予言まであと一年かァ」と思っているうちに一月下旬《げじゅん》になり、新福《しんふく》さんから事務所《じむしょ》に電話がかかってきた。エッセイの缶詰《かんづ》めをいつにしましょうかという連絡《れんらく》だ。

ああ、新福さんから缶詰めの連絡がまた今年《ことし》もきたか、一年って早いなァと思うと同時に、新福さんてお正月にふさわしい名前だなと思う。今年も早速《さっそく》お世話になりますし御迷惑《ごめいわく》をおかけしますが何卒《なにとぞ》よろしくと伝えようと思ったが、それは年賀状《ねんがじょう》で言っているし、今新福さんが伝えてほしいのはそんなことじゃなくてエッセイの缶詰めの日程《にってい》だ。だから私はよろしくの気持ちを込《こ》めつつ日程を知らせた。今年はいつものパークハイアットではなく、ホテルオークラを予約してもらうことになった。

「なぜ!? あんなにパークハイアットが好きだと言っていたのに…」と思う方もいるかと思いその理由を述《の》べると、パークハイアットも大好きなのだがオークラも大好きなのだ。だからどっちにしようか非常《ひじょう》に悩《なや》んだが、今年はなんとなくルームサービスでオークラの中華《ちゅうか》のチャーハンが食べたいと思い、そっちに決めた。デザートの杏仁《あんにん》豆腐《どうふ》のことも思うと今年はオークラ気分だったのである。

二月中旬の缶詰め入りの日、スタッフの矢吹《やぶき》さんが迎《むか》えに来てくれたので助かった。私はやたら荷物が多いのだ。お茶を飲むための道具（茶こし、専用《せんよう》マグ、茶っ葉）、コーヒーの道具（豆、コーヒーリキュール、フィルター、あとコーヒーをいれるための変なろうとみたいなやつ）、アスティというお気に入りのスパークリングワイン、チョコレート、こんにゃくゼリー、健康食品一式、タバコ、ＣＤデッキ、ＣＤ、仕事道具、着がえ類、だいたいこれぐらいの物をガチャガチャと運ぶので大変なのである。

チェックインの後、新福さんは「何かさし入れをしたいのですが何がいいですか」と親切なことを言って下さったので私は「いえ、そんな気ィ使っていただかなくてもいいですよ。ここはオークラなんですから、何でもあるので大丈夫《だいじょうぶ》です」と言ったのだが「それでも、何かちょっとした物で必要な物とか…」とおっしゃるので私はついつい「じゃあ、ヨーグルトをいただけますか」と言った。私はヨーグルトを毎日いくつか食べるので、もしあれば有難《ありがた》いのであった。新福さんは「ヨーグルトですね。何か特に気に入っている種類のものがあるんでしょうか」と私のお気に入りのヨーグルト名を尋《たず》ねてきたので私は「実は、シムバランスというヨーグルトに最近こっておりまして、それのアロエマスカット味が。…あ、でも、なかったら何でもいいですよ、ホント、なかったら何でも食べますから」と言ったのに、ずいぶん探《さが》して下さったらしい。

私は自分の言ったヨーグルトのことで、新福さんをあちこちのコンビニに行かせてしまった事をすまなく思った。アロエマスカット味とまで言ってしまったことや、どうしてもっと何でもいいですよと強く言わなかったのか、いやけっこう言ったけどな、でももっと言えばよかったな、などとしばしヨーグルト発言の事を考えた後、新福さんにも迷惑をかけたがこのエッセイさえ面白く書ければ全《すべ》て帳消《ちょうけ》しにしてくれるだろうと勝手に思って仕事にとりかかることにした。

お茶を飲みコーヒーを飲みアスティを飲みチャーハンを食べ、マッサージをしてもらい眠《ねむ》りに就《つ》く。この単調だが快適《かいてき》な日々の繰《く》り返しにより五日間の缶詰めは終わった。だいたい半分位ができた。たった五日で半分ができるなんて、わりかし調子良かったなーと思い、五日目の早朝チェックアウトをした。オークラの受付の美しいお姉《ねえ》さんが「あの、私、エッセイ読んでるんです!!」と言って下さったので〝こんなすてきなお嬢《じょう》さんが私のズッコケ話を読んでいるなんて〟と思い緊張《きんちょう》したがうれしかった。

缶詰めの最中、うちの事務所がもっと広くて便利な所に引《ひ》っ越《こ》しをしようということになり、私が缶詰めから出てくるとすっかり引っ越しは終わっていた。「なんか、何も手伝《てつだ》わなくてすまなかったねぇ」とスタッフのみんなに言うと、皆口《みな》をそろえて「エッセイさえ書いてくれればいいんです」と言った。そうかもな、下手《へた》に引っ越しの手伝いをして足手まといになるよりもエッセイを書いた方が会社のためになるかもな、と思った。

私が缶詰めで半分を書きあげたと聞き、スタッフも新福さんもみんな喜んだ。「五日間で半分は好調ですねぇ」とみんなが言うので私はすっかりいい気になり、引っ越しを手伝わなかったこともヨーグルトで迷惑をかけたこともこれで帳消しだな、と心密《ひそ》かに思いニヤニヤしていた。

気を良くした新福さんは「引っ越し祝いになんかいい物を買ってあげましょう」とまたそんなことをこりずに言うので、私のほうもまたこりずに「じゃあ、ちょっと高いんですけど……いいでしょうか新福さんっ」とまず新福さんに〝高いですよ〟ということをチラリとにおわせたあと、アンティークのビーズバッグが欲《ほ》しい旨《むね》を告げた(口絵参照)。

これがちょっと高かったのである。買おうかどうしようかけっこう迷《まよ》っていたのだ。新福さんは「よし、おれも男だ」と言ったかどうか知らないが(たぶん言ってない)これを気前よくポーンと買って下さった。自分が何もしなかった引っ越しだったのに、こんな超個人的《ちょうこじんてき》な趣味《しゅみ》の引っ越し祝いをいただき、なんかホントに悪いよなァと思いながらビーズバッグを飾《かざ》り棚《だな》に置いた。

半分できたことでみんなにほめられた私は残り半分もできた気になりすっかりエッセイのことは忘《わす》れて過《す》ごしていた。三月になり、春の気配を感じると共に昼はガーデニングに精《せい》を出し、花屋に行ったり庭で鉢《はち》の植え替《か》えをしたり忙《いそが》しく活動していた。植物の手入れが済《す》むと次は熱帯魚の手入れ、次は陸ガメの世話、それらが済むと街へ出かけて春物の服やバッグを買い、夕方からは友人やスタッフと食事をしに行き、夜はビーズのアクセサリー作りに没頭《ぼっとう》したり絵を描《か》いて遊んだりしていた。

土・日は息子《むすこ》と遊んでいるのだが、彼《かれ》は最近私のことをさくらももこかもしれないと疑《うたが》っているようで「おかあさんて、さくらももこなの？」と尋ねてくるので「ちがうよ」と言うと「それじゃあ、さくらももこって一体誰《だれ》？」ときくので「ちびまる子ちゃんやコジコジをかいている人でしょ」と軽くかわしておいた。息子は「…ふーん」と腑《ふ》におちない様子をみせ、しばらくしてからコジコジのＴＶアニメ曲のシングルＣＤを持ってきて、「ここに、さくらももことホフ・ディランってかいてあるから、さくらももこってホフ・ディランなんだね」と言い出したのでこれも否定《ひてい》した。さくらももこはホフ・ディランじゃないよ、ホフ・ディランは二人組の男の人でしょ、と言うと「ああそうか」と息子はＣＤを持って去っていった。

さくらももこ疑惑《ぎわく》がもう終わったかなと思っていたある日、急に息子が「おかあさん、さくらももこって誰だかわかったよ!!」とやけに自信まんまんに言うので私は遂《つい》にバレたかと思いつつ「ふーん、わかったの？　じゃあ誰だか教えて」と言うと息子は「まる子でしょ。まる子のクラスの友達《ともだち》がまる子のことをさくらさんって言っていたよ」と言うではないか。私は「ほほう」と感心した。当たっている。確《たし》かにまる子はさくらももこだ。これで私も息子も安心したというわけだ。

息子はこのごろドラえもんとまる子にハマっており、私としてはうれしく感じている。一応《いちおう》、「ねぇ、ドラえもんとまる子とどっちが好き？」ときいてみたところ息子は涼《すず》しいカオをして「ジャックと豆の木」と言ったのでウケてしまった。こんなふうに、息子はわざとハズすのだ。私がウケるとちょっと得意そうなカオをする。私はまだしつこくきいた。「ドラえもんとまる子と、どっちが好きかってきいてるんだから教えてよ」すると息子はバカでかい声で「ドラえもんっ」と叫《さけ》んだ。去年のトーマスに続き、今年もまたまる子の負けである。

息子は、のび太君の完全な味方なのだ。スネ夫《お》とジャイアンに対して真剣《しんけん》に怒《おこ》っている。全然関係ない時でも急に「スネ夫とジャイアンめ、のび太君をいじめると許《ゆる》さないぞー」と叫ぶほどのび太君の味方なのだ。私に言わせりゃ、そりゃスネ夫とジャイアンはえばりすぎだがのび太もバカだから悪いのだ。あいつは助けてあげれば調子にのるし助けてあげなきゃすぐに泣《な》く。もっとがんばって、出来杉《できすぎ》君みたいになれよと思う。しかし、そんな細《こま》かいことを言っても息子にはわからないだろうから今はのび太君の味方としてドラえもんのように生きればいい。どうせ、まる子よりドラえもんなんだし、私はそれ以上言うまい。

ガーデニングと買い物とビーズと友達とドラえもんでバタバタしているうちに三月が過ぎ四月になった。四月になってもまだ、私は三月とだいたい同じ調子で過ごしていた。変わったことといえば〝桜《さくら》が咲《さ》いたなー〟と思ったぐらいで、自分以外のことにしか変化は見い出せなかった。

そんな四月中旬の十四日、のこのこ事務所へ出掛《でか》けてみると新福さんと祖父江《そぶえ》さんと八代《やしろ》さんがいて、「エッセイのすすみ具合いはどうですか」ときかれギクッとした。あれ以来、ぜんぜんすすんでないですよアハハなどと元気に言える人がいたらそいつは相当バカだ。いくら私だって、あんな引っ越し祝いとヨーグルトをもらっておきながらとてもじゃないけどそんなことは言えない。仕方ないのでがんばりますとだけ言い、詳《くわ》しい進行状況《じょうきょう》は言わず語らずお茶をにごした。うちのスタッフの井下《いのした》さんも下手なことは言うまいと、私にならってとりあえず意味のない笑顔のまま黙《だま》っていた。

祖父江さんと会えるのはうれしかったので本当はみんなで一緒《いっしょ》にパーッと食事にでも行きたかったが、そういうことばかりしていたのでこんなことになってしまったのだ。

私は内心あせりつつ、手短かに本の装丁《そうてい》の打ち合わせをした。シリーズ三作目なので、打ち合わせはわりと簡単《かんたん》におわった。装丁の打ち合わせがおわると、新福さんは「それで、〆切日《しめきりび》のことですが…」と言い、今月の二十四日がその〆切りですよと静かに、しかしはっきりと言った。

チャララ——ンと久《ひさ》しぶりに私の心の中であの衝撃《しょうげき》の旋律《せんりつ》がこだました。今月の二十四日といえば、今日《きょう》が十四日なのだからあと十日しかないではないか。ちょっとソレ本当？　去年はたしか六月頃《ごろ》まで大丈夫だった気がするんだけど…あ、去年は九月に発売で、今年は七月に発売なんだ。だから去年よりぜんぜん早い〆切りなんだ。そういや私、七月発売で大丈夫ですよ、なんて今年の初めごろ言ったような気もするな——……と心の中で自問自答のあわただしいやりとりがあり、何が何でもあと半分を十日間でやらなくてはならないということがだんだん現実《げんじつ》として身にしみてきた。

新福さんも八代さんも「七月十五日発売のため、我々《われわれ》も祖父江さんも印刷所もみんな万全の態勢《たいせい》で準備《じゅんび》してますから」と言った。万全の態勢で準備しているということは、〆切りに遅《おく》れたりしたら新福さんも八代さんも祖父江さんも印刷所もみんな一斉《いっせい》に大迷惑がかかるんですからそこんとこちゃんとわかってて下さいね、ということなのである。

私は「そんじゃ失礼します…」と新福さん達《たち》にひきつり笑顔でどうにかあいさつをし、元気なふりをして手を振《ふ》って別れたが心の中では「大変なことになってしまった。毎日楽しく遊んでいるうちにこんなことになるなんて、トホホ、ドラえもんがいればなァ…」となるほど息子がまる子よりドラえもんの方が好きだと言った意味が深く納《なっ》得《とく》できた。まる子自身が我《わ》が身よりドラえもんを欲《ほっ》しているのである。のび太君がうらやましい。

家に帰り、その日の夜十五枚《まい》書いた。次の日、また十五枚書いた。たった二日で三十枚も書いたことに自分で感心し、「なんだなんだ、あんなにあわてることもなかったな。ドラえもんがいなくったってバッチリじゃん。のび太じゃあるまいし」とすっかり気楽になり、次の日はドリカムのコンサートに行くことにした。

ドリカムのコンサートはすごくよかった。西川さんも中村さんも美和《みわ》ちゃんもかっこよかった。吉田《よしだ》美和ってほんっっとにうまいよなーと、誰もがずっと前から抱《いだ》いていた感想を改めて抱き、よかったよかったと言いながら一緒に行ったスタッフのみんなと食事に行き、食事しながらもまだドリカムのコンサートがよかったよかったとダラダラしゃべり、店の閉店時間が過ぎてもまだ吉田美和がどうのこうのとほめているうちに店内に客が誰もいなくなったのでハッとして店の人に謝《あやま》りながら金を払《はら》い店を出た。

家に帰ると、さっき食事しながらうっかりビールを飲んだために眠くなり、「今日はダメだ。ドリカムにやられたな」などとビールのことは棚に上げ、ドリカムのせいにして眠ることにした。本当にすぐ夢《ゆめ》の中だった。さすがドリカムと言わざるを得ない。

目が覚めると十七日になっていた。昨日《きのう》は十六日だったから今日は十七日で当然だ。

〆切りまであとちょうど一週間、残り五十枚もかかえてさてどうしましょう、と私は再《ふた》び深刻《しんこく》になった。

でもまァ、大丈夫だろうと気楽に原稿《げんこう》にとりかかってみたが、七枚もすすめたところで〃なんかコレ面白くないなァ〃と思い、書く気がなくなりボツにした。このように私は、せっぱつまっていても「もういいやコレで」などと自分を甘《あま》やかさないのだ。自分にムチを打ち、また新たに書き始めた。五枚すすんだところでまた気に入らなくなりそれもボツにした。計十二枚、OKなものが書けてりゃ一本あがった枚数である。ちょっとあせっているんじゃないか、もっとおちついた方がいいと思い気分転換《てんかん》に表紙を作成することにした。

今回のこの本の表紙は、砂絵《すなえ》ふうのまる子の絵にしようと思っていた。探せばいろいろな色の砂絵用の砂が売っているのかもしれないが、私は自分で好きな色を作ろうと思い、色えんぴつの芯《しん》を細かく削《けず》ってさらに乳鉢《にゅうばち》ですり、何色も色をまぜて材料の砂を作った。

色えんぴつの芯を細かく削《けず》るのも疲《つか》れたがそれを乳鉢ですって更《さら》に細かくするのも

疲れた。この作業だけでも莫大《ばくだい》な時間と労力を費《つい》やしてしまった。

ようやく砂ができたので、いよいよまる子の顔の絵を作る作業にとりかかった。絵からはみ出さないようにボンドを慎重《しんちょう》に塗《ぬ》り、そっと砂をまき、少しずつ絵は出来上がっていった。〝よし、今日はこの表紙だけでもできりゃ少しは肩《かた》の荷が降《お》りるぞ〟と思い、全力でこの作業をすすめていたのだが、まる子の背景の色を敷《し》く段階《だんかい》で大変なピンチに追いこまれてしまった。なんと、背景の緑色の砂が途中《とちゅう》で足りなくなってしまったのである。

しまった‼ と思って新たに大急ぎで緑色の砂を作り、足りない部分につぎ足してみたが明らかに〝つぎ足しました〟とわかる状態《じょうたい》になってしまい見苦しい物になった。失敗である。

手を尽《つ》くしたがダメだったのだ。もう、今日は何もする気がしない。文章も失敗、表紙も失敗、こんな日はよけいなことをしないに限《かぎ》る。色えんぴつを削りまくったために手も痛《いた》いしとにかく疲れた。この疲れが徒労《とろう》によるものだなんて、今夜の睡眠《すいみん》はムダ睡眠になってしまうが、ムダと思わず明日《あす》への活力のためだと思い眠ろう。そう思い、早目に寝《ね》た。

翌日《よくじつ》、うっかり寝すぎて起きたら昼だったので呆然《ぼうぜん》とした。私としたことが、十時間以上眠ってしまったなんてどうかしている。私は普段《ふだん》四〜五時間しか眠らないのに倍も眠ってしまうなんて、徒労の疲労《ひろう》を回復《かいふく》させるのって大変なんだなァとつくづく思う。

この日から三日間、つまり十九、二十、二十一日と、私は非常に調子が良くバンバン書きすすめ、三十五枚もすすんだ。この三日間というもの、アイスやチョコを食べ、買い物ついでに藤《ふじ》の木も買ってガーデニングにうつつをぬかしたりもし、友達に電話をしたりカメや息子の世話もした。それなのにこの快挙《かいきょ》とは、このまえの不調は一体何だったのだろう。あ、忘れていたがそういえば、この三日間で表紙の砂絵も仕上げたのだった。

努力とかやる気とか、そういうものより肝心《かんじん》なものが〝調子〟だと私はこの三日間で知った。調子さえ良ければ、たいした努力ややる気がなくても仕事ははかどるのだ。このまえの不調だった日、私は努力もしたしやる気もあった。でもダメだったのだ。

これからは自分の〝調子のいい感じ〟をしっかり見極《みきわ》めつつ、徒労のないよう生きてゆきたいと思う。

二十二日も順調にすすみ、二十三日現在《げんざい》コレを書いている。コレが終われば全部終《しゅう》了《りょう》なので明日の〆切日にはキッチリそろえて新福さんに原稿を渡《わた》せるだろう。

このシリーズも「あのころ　まる子だった　ももこの話」というわけで今回で完了《かんりょう》した。また来年は新しいシリーズを何か考えようと思ってはいるものの、今現在のところ次の新シリーズをどうするかというアイディアは全く思いついておらず、ここで次のタイトルを発表することもできない。ただ何となく、ノストラダムスの予言をぶっとばすために、一九九九年の七月に、なんか景気のいいタイトルで一発ボカッと新シリーズを始めたいな、という気はする。そのためにも健康に気をつけ、元気に面白い事を追求してゆこうと思う。

このシリーズにつきあって下さった皆様《みなさま》に深く感謝《かんしゃ》すると共に、どうか皆様も健康で元気で楽しい日々を送られますようにと祈《いの》る。

そして、来年もまた読んでいただけますようにと願う。

それではごきげんよう。

一九九八年　四月二十三日

さくら　ももこ

OMAKE

1999年用の年賀ハガキだよ!!
(大好きなんにおくる用ハガキ)

1999年用の年賀ハガキ
(別に大好きでもなんでもない人におくる用)
人数分、コピーして送ろう!!
↓

あけましておめでとう。

今年はノストラダムスの大予言の年だけど、元気でガンバロー!! ファイト!!

おもちを食べすぎないように!!

1999年元旦

プリクラをはる所。

ヨリ

OMAKE

突撃!! ケロのインタビュー

(インタビューされる人 さくらももこ)

インタビューする人 ケロ

ケロ「さくらさん、こんにちは」
さくら・「こんにちは。」

ケロ「なんかいいことあった?」 さくら・「ケロになんて教えてやんない」
ケロ「じゃあ、チョコモナカは?」 さくら・「好きだけど。」
ケロ「このまえ半分たべたでしょ」 さくら・「なんで知ってんの?」
ケロ「眠る前にみる夢は?」 さくら・「夢は眠ってからみるもんだけど」
ケロ「ああそうか。じゃあ眠る前は?」 さくら・「おきてるけど」
ケロ「ああそうか。じゃあ、ふとんに入って目をつむってから思うことは?」
さくら・「さてと眠るか、と思う。で、眠るまでのあいだ、目をつむって思う
ことは 海の青色でも空の青色でもない とうめいなきれいな
青色。いちばん好きな青色。そうこうしてるうちに眠くなって眠る」
ケロ「詩人ですねえ」 さくら・「まあね。えっへん。このまえも じゃがバ
コーンさんを作詞したしね。ポンポコリンもそうだけど」
ケロ「ろくなもんの作詞しかしてないですねえ」 さくら・「わるかったね」
ケロ「じゃあ会ったんだ」 さくら・「だれに?」 ケロ「まなちゃん かなちゃん」
さくら・「うん。すっごくかわいらしかったよ」 ケロ「いいなー。それじゃ、コーネリア
の渡辺君と小宮山君にも会ったんだ」 さくら・「それはホフディランでし
コーネリアスは小山田君だけど。」 ケロ「ああそうか。オザケンか」
さくら・「…… 知らないよ、アンタ。そんなこと言って」 ケロ「えっ、なんで!」
さくら・「わたし、もう帰るから」

ケロの突撃
インタビュー
おわり

OMAKE

ケロのクイズ

Q 次の中で、まる子のクラスの人じゃないのはどの人？

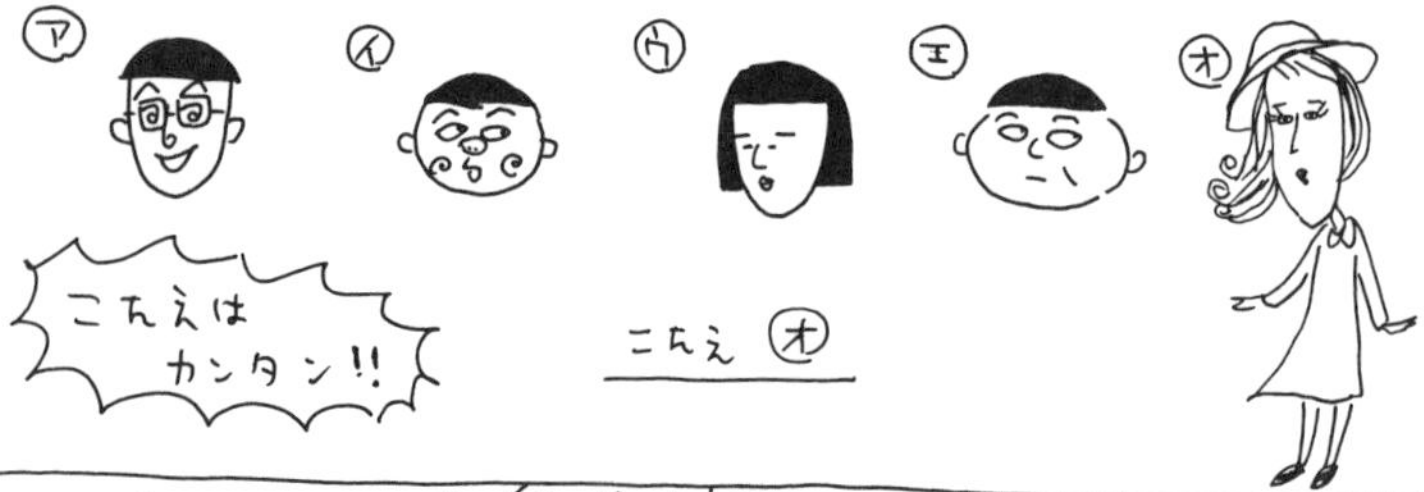

こたえ オ

ちょいと宣伝!!

冬ころ、「ちびまる子ちゃん 脚本集」が
る予定です!! TVアニメ用に私が書き
してるやつなので、ぜひ読んでみてね!!

陸ガメのこと

わたし、陸ガメを2匹かってるんだけど、すごくかわいいよ。陸ガメのいいところは、形。とくに背中のぽっこり丸いところ。それからパクパクおいしそうにごはんをたべるとこ。吉本ばななさんも陸ガメをかってるんだよ。広めの飼育ケースと保温器とトゥルーライトを使って大事に育ててます。春から秋までのあたたかい晴れた日は、庭で日光浴させます。ふたりとも元気!!

ロのおまじないコーナー

の絵をまくらの下にしいてねると、日、すこしだけ頭が良くなった気がるかどうか。

この絵

前回の「まちがいさがし」の答

むずかしかったでしょう。私も自分でもわかんなくなっちゃったもん。

この作品は書き下ろしです。ただし、
「暑さのこと」は青春と読書一九九八年七月号にも
掲載されました。

ももこの話《はなし》
一九九八年　七月二〇日　第一刷発行
一九九八年　八月　五日　第三刷発行
著　者　さくらももこ
発行者　小島民雄
発行所　株式会社集英社
東京都千代田区一ツ橋二―五―一〇
郵便番号　一〇一―八〇五〇
電話　編集部　(〇三)三二三〇―六一〇〇
販売部　(〇三)三二三〇―六三九三
制作部　(〇三)三二三〇―六〇八〇
印刷所　図書印刷株式会社
製本所　図書印刷株式会社
定価はカバーに表示してあります。
検印廃止

JASRAC　出9805913-801
 ISBN4-08-775237-2 C0095

集英社刊

さくらももこ作品リスト

あのころ

歯切れのいい名調子はもはや芸術。テーマは待望の「子供時代」。まる子ファンも大満足保証付!!

まる子だった

テーマは十八番の「子供時代」。お気楽で濃密な爆笑世界へようこそ!!　おまけページつき。

ももこの話

山本リンダの熱狂ライブ、劣悪条件での幼少ガーデニング体験記等、爆笑「子供時代」三部作完結編!!

ももこの世界あっちこっちめぐり

6か月間にわたる、世界各地ハプニングづくし!!　カラー写真やイラストも満載の爆笑旅行エッセイ。

もものかんづめ

発売以来、日本中を笑わせ続けるエッセイ第一弾。水虫に悩む人には必見の情報も収録!!

さるのこしかけ

波乱のインド旅行やP・マッカートニーなど世界をまたにかけたエッセイ第二弾。読んで悔いなし。

たいのおかしら

歯医者での極楽体験など、更に磨きのかかったエッセイ三部作完結編。筆者&姉の幼年時代写真付。

まるむし帳

ことばと絵で表現する宇宙・日常・存在・生。心の疲れを癒したいあなた、ぜひ一度お試しあれ。